KB065391

편하게 만나는 프랑스 철학

레비나스와의
1시간

편하게 만나는 프랑스 철학

레비나스와의
1시간

초판 1쇄 인쇄 2021년 3월 18일
초판 1쇄 발행 2021년 3월 25일

—

지은이 이명곤
펴낸이 이방원
기획위원 원당희
편 집 송원빈·김명희·안효희·정조연·정우경·최선희·조상희
디자인 양혜진·손경화·박혜옥   **영 업** 최성수

펴낸곳 세창출판사
신고번호 제300-1990-63호 주소 03735 서울시 서대문구 경기대로 88 냉천빌딩 4층
전화 723-8660 팩스 720-4579 이메일 edit@sechangpub.co.kr 홈페이지 http://www.sechangpub.co.kr
블로그 blog.naver.com/scpc1992 페이스북 fb.me/Sechangofficial 인스타그램 @sechang_official

—

ISBN 979-11-6684-008-1 02160

레비나스와의
1시간

편하게 만나는
프랑스 철학

이명곤 지음

세창출판사

1장

전체주의의 폭력 앞에 선
고 뇌 하 는   철 학 자

사제이자 소설가인 게오르규
Constantin Virgil Gheorghiu의 소설을 원작으로 한 앙리 베르누이
Henri Verneuil 감독의 영화 〈25시〉(1967)는, 전쟁이라는 '절대악'
의 폭력 앞에 무참히 짓밟히는 인간성의 이야기를 다루고 있
다. 본격적으로 인생을 시작하려는 젊은 아빠 요한 모리츠는,
유대인이라는 오명을 쓰고 강제수용소로 끌려가기도 하고,
나치의 선전도구로 전락하기도 하며, 전범수용소를 전전하면
서 13년이란 세월을 비극적으로 허비해 버린다. 설상가상으
로 아내 수잔나는 루마니아를 침공한 소련 장교에 의해 겁탈
당하고 임신까지 하게 된다. 마침내 전범재판소에서 무죄로
풀려나 꿈에 그리던 고향 마을로 돌아온 모리츠는, 자신과 전
혀 닮지 않은 파란 눈의 아기를 안고 자신을 마중 나온, 폭삭
늙어 버린 아내 수잔나와 상봉하게 된다.

당신이라면 이런 상황에서 어떻게 행동할 것인가? 물론 영화 속 주인공인 요한은 가장 먼저 파란 눈을 가진 낯선 아기를 품에 안고 입맞춤을 한다. 내 기억으로는 아마도 영화의 전 과정을 통해 가장 뭉클했고 안도의 한숨을 내쉬게 한 장면이었던 것 같았다. 나에게 그 마지막 장면은 '용서'를 의미하는 것이었다. 웃어 달라고 요구하는 취재 기자들의 요구에 웃는 것인지 우는 것인지 알 수 없는 요한의 묘한 표정만 없었다면 그 영화는 한 인간의 무한한 자비로움, 즉 용서라는 메시지를 전하는 것처럼 보였다.

만일 도저히 대적할 수 없는 거대한 힘을 가진 자들이 당신한테서 모든 것을 빼앗아 파괴해 버렸다면 당신은 어떻게 할 것인가? 힘으로 맞서 싸울 수도 없고 도저히 정의를 바로 세울 수도 없다면 어떻게 할 것인가? 이 경우 세 가지 선택지가 가능할 것이다. 첫째, 비록 전혀 상대가 안 되겠지만 맞서 싸우다 죽는 것이다. 둘째, 그를 피해 멀리 달아나 더 이상 그를 보지도 생각하지도 않는 것이다. 셋째, 자신의 모든 것을 파괴한 그 사람들에게 그 일은 잘못된 것이며, 사람은 타인을 해치지 말고 사랑하여야만 한다고 설득하는 것이다. 철학자 레비나스는 자신의 인생에서 발생한 이 같은 일 앞에서 세 번째를 선택한 사람이었다. 무엇이 그로 하여금 그 같은 선택을 하게 하였는지, 그 흥미로운 이야기 속으로 들어가 보자.

○ 디아스포라 가족의 비극과 휴머니즘 윤리학에 대한 꿈

레비나스라는 이름은 아직 일반인들에게는 그리 잘 알려지지 않은 이름인데요, '레비나스' 하면 무엇이 떠오르나요? 아마 철학에 어느 정도 관심이 있는 사람이라면 그의 사상이 '타자의 철학', '얼굴의 철학', 그리고 '제일철학으로서의 윤리학' 등으로 불린다는 사실을 알고 있을 것입니다.

유대인이었던 철학자 에마뉘엘 레비나스Emmanuel Levinas 는 2차 세계대전 당시, 자신의 민족이 독일의 나치당에 의해서 무참하게 학살당하는 모습을 무기력하게 목격하였고, 또 자신의 가족들도 모두 강제수용소에서 학살당하는 감당하기 힘든 체험을 하게 된다. 이런 절망적인 순간에 그는 빛의 소멸과 악의 확산에 분노하고 증오하는 대신에 더 이상 인류 역사에서 이러한 비극이 발생하지 않도록 하기 위해 새로운 윤리를 만들어 내고자 평생을 분투하였다.

어떤 사람들은 이런 그의 모습에서 빛의 소멸에 분노하지 못하는 비굴하고 나약한 지성인의 모습을 발견할 수도 있겠지만, 또 어떤 사람은 이 같은 그의 행위에서 일종의 철학적인 순교라 할 수 있는 숭고한 행위를 목격하게 된다. 당신이라면 이를 어떻게 판단할 것인가? 아마도 일제강점기의 비극이라는 유사한 체험을 가지고 있는 한국인들은 이러한 레비나스의 삶과 정신에 충분히 공감을 가질 수 있을지도 모른다. 단순히 나의 가족과 민족을 위한 복수를 꿈꾸는 것이 아니라, 모든 인류를 위해 다시는 인류의 역사에서 그와 같은 비극이 발생하지 않도록 새로운 가치와 새로운 사상을 세우는 것이다.

'타자의 철학'이라고 불리는 그의 사상은 한마디로 사람이 다른 사람을, 그것도 내가 전혀 알지 못하는 타인을, 심지어 자기를 방어하거나 보호할 수단이 전혀 없는 연약한 사람들을 위한 '약자들의 철학'이라고 불러도 좋을 것이다. 아니면 그 어떤 이유로 서로 적대적으로 대치하고 싸우고 있는 모든 사람들에게 '당신이 싸우고 있는 바로 그 사람이 당신이 감사하고, 보호하고, 책임을 져야 할 사람'이라고 말하는 철학이라고 할 수 있다. 오늘날 사람들은 말한다. 세상은 점점 더 악의 세력이 확대되는 것 같고, 인류 역사에서 결국 악이 승리할 것만 같다고…. 선량하고 양심 바른 사람들을 절망에 빠뜨리는 이러한 악의 확산에 맞서, 레비나스는 마치 구약성경의 예언자처럼 타인이 곧 이웃이며, 타자의 얼굴에서 신의 흔적을 발견해야 한다고 외친 철학자였다.

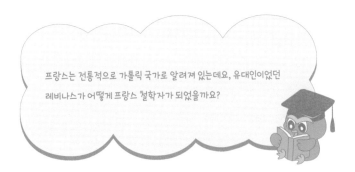

프랑스는 전통적으로 가톨릭 국가로 알려져 있는데요, 유대인이었던 레비나스가 어떻게 프랑스 철학자가 되었을까요?

레비나스는 1906년 1월 12일 현재 리투아니아Lithuania라고 불리는 러시아 제국의 카우나스Kaunas에서 태어났다. 부모는 모두 유대인이었고 그는 세 형제 중 장남이었다. 1914년 1차 세계대전을 피해 그의 가족은 러시아에서 우크라이나의 카르코프Kharkov로 이주하였다. 그러던 중 레비나스가 11살 되던 해인 1917년에 그는 러시아의 공산혁명을 목격하게 되고 자유를 향한 갈망을 가슴 깊이 간직하게 된다.

서점을 경영하였던 아버지 밑에서 레비나스는 다양한 서적을 접하였고 이디시어Yiddish, 리투아니아어 및 러시아어를 배울 수 있었다. 그리고 특히 모든 유대인 가족이 그러하듯이 탈무드와 히브리 성경을 읽으면서 히브리어도 배울 수 있었다. 카르코프에서 고등학교를 다닌 레비나스는 푸시킨, 톨스토이, 도스토엡스키 그리고 셰익스피어를 즐겨 읽었다. 국가도 없이 떠돌던 유대 가족들에게 있어서 '교육'은 그들의 미래를 보장해 줄 유일한 자산이었다. "물고기를 잡아 주기보다는 고기 잡는 방법을 가르쳐 주는 것"이, 국가라는 보호막이 없었던 유대인들에게는 운명적인 교육관이었다. 그만큼 레비나스는 부모들로부터 양질의 교육을 받을 수 있었고, 방랑의 삶 속에서도 철학자에 대한 원대한 꿈을 가질 수가 있었던 것이다.

젊은 시절 그가 즐겨 읽었던 도스토옙스키의 정신 "각자는 만인 앞에서 모두에게 책임이 있다"는 범인류애적 사해동포주의는 그가 철학자가 되는 데 있어서, 그리고 미래의 사상적 방향을 설정하는 데 있어서 결정적인 영향을 끼쳤다.

> 형제애fraternité는 종류로서의 공동체에 앞서는 것이다. 이웃으로서의 타인autrui과 나의 관계는 다른 모든 것과 가지는 나의 관계들에 의미를 부여한다.
>
> — 『존재와 다르게(a)』, p.203

17세가 되던 1923년에 그는 철학을 공부하기 위해 프랑스의 스트라스부르Strasbourg로 갔다. 여기서 샤를 블롱델Charles Blondel, 모리스 알박스Maurice Halbwachs, 모리스 블랑쇼Maurice

Blanchot 등 많은 지성인들을 만나게 되고 우정을 쌓게 된다. 당시는 독일에서부터 '현상학'이라는 현대 철학의 사조가 물결치고 있었던 터라, 레비나스는 독일의 프라이부르크Freiburg 로 가 후설Edmund Husserl과 하이데거Martin Heidegger의 강의를 들으며 현상학을 배우게 된다. 이를 통해 1930년에 「후설 현상학에 나타난 직관이론」이란 논문으로 박사학위를 받은 후, 다시 파리로 돌아와 정착하게 된다. 이때 그는 정식으로 프랑스인으로 귀화하였다.

레비나스가 독일에서 철학을 배우고 독일 철학자에게서 박사학위를 받았지만, 프랑스로 돌아와 프랑스 철학자가 된 것은 당시로서는 너무나 당연한 귀결이었다. 당시는 독일에서 나치당이 국가를 이끌고 있었고, '반유대인 법'이란 것을 만들어 유대인을 박해하기 시작하였기 때문이다. 거기다가 '형제애' 혹은 '범인류애'라는 그의 사상적 이념은 '자유, 평등, 박애'라는 프랑스의 국가 이념에 잘 들어맞는 것이었다.

레비나스는 1932년에 라이사 레비Raissa Lévi와 결혼하여 3명의 자녀를 두었고, 1933년부터 1939년까지 알리앙스 이스라엘에서 근무를 하였다. 1934년에 그는 『정신Esprit』이란 학술지에 「히틀러주의에 대한 몇 가지 철학적 반성」이라는 놀라운 글을 발표하는데, 이는 그가 독일에서 공부하는 동안 이미 히틀러의 전체주의적인 사상과 나치당의 움직임을 파악하고 있었음을 보여 주고 있다. 특히 그는 '반유대주의'를 표방하고 있는 히틀러의 사상이 '타자에 대한 증오'를 의미하는 것이라 공언하였고, 머지않은 장래에 비극적인 일이 발생할 것임을 경고하였다. 결국 그의 예상대로 독일 나치에 의해 2차 세계대전이 발발하였고, 레비나스는 1939년에 프랑스군에 합류하게 된다. 하지만 렌Rennes에서 포로가 된 그는 약 5년 동안 스탈라그Stalag XI-B의 포로수용소에서 포로생활을 하게 된다. 이 시기에 소비에트 공화국에 살고 있던 모든 가족들도 독일 점령군들에 의해 사망하게 된다. 그는 포로생활에 대해서는 거의 언급하지 않았지만, 수용소에서의 체험과 유대민족의 학살을 목격한 경험은 그의 여생과 미래의 철학적 작업들에 결정적인 영향을 미치게 된다. 그는 자신의 향후 철학적 저작들의 대부분을 수용소에서 구상하였다.

그의 사상과 저작들은 이렇게 '반유대주의'라는 정신적 폭력에 희생된 민족과 가족들로 인한 육체적, 정신적인 상처들로부터 출발하였고, 이름을 붙이기조차 어려운 트라우마를 치유하기 위한 방안이라고 해도 과언이 아니다. 그 스스로 유대교를 '인본주의'라고 불렀던 만큼, 그는 분노와 증오를 가지는 대신에 자신의 인본주의를 바탕으로 새롭고 독창적인 윤리학을 창조하고자 하였던 것이다. 타자의 철학이라고 부르는 그의 윤리학은 이렇게 탄생한 것이다.

레비나스는 비록 프랑스인으로 귀화하였지만 전쟁 중에 목도한 민족의 참사는 그로 하여금 유대민족에 대한 강한 애정을 유발하게 하였고, 이는 그가 철학자로서의 삶과 더불어 유대민족을 위한 삶에 헌신하도록 만들었다. 특히 그는 평생 유대민족들의 교육에 헌신하게 된다. 1945년에 그는 알리앙스 이스라엘의 원장을 맡았으며, 1957년부터는 프랑스 유대 지성의 심포지엄에서 탈무드를 강의하고 해설하였다. 그리고 35년 동안 이스라엘 사범학교에 거주하면서 이 학교를 맡아 운영하였다. 1970년대와 1980년대에 레비나스는 스위스의 프리부르Friborg 유대인 공동체의 초청에 따라 프리부르 대학에서 유대인 사상, 후설의 사상 그리고 토라Torah(유대교 율법)의 주석을 강의하기도 하였다. 맡은 바 소임을 다하던 그는 1989년에 발찬상le Prix Balzan[•]을 수상하게 된다.

• 〈발찬 국제 재단〉은 기자이자 재력가였던 위제니오 발찬(Eugenio Balzan)의 딸인 안젤라 리나 발찬(Angela Lina Balzan)에 의해 설립된 재단이랍니다. 그 목적은 국적, 인종 또는 종교에 관계없이 전 세계적으로 과학적, 문화적 업적뿐 아니라 평화와 형제애를 위한 인도주의적인 노력을 한 사람들을 격려하고 이러한 노력들을 장려하기 위한 것이었지요. 〈발찬 국제 재단〉은 매년 스위스의 베른과 이탈리아의 로마에서 번갈아 열리는 행사에서 발찬상을 수여하는데, 1961년 이래 이 상을 받은 사람이나 단체가 112개나 된답니다.

1961년 레비나스는 국가박사학위 논문이었던 『총체와 무한Totalité et Infini』을 출판한 이후 1964년부터 1975년까지 대학에서 강의를 하게 된다. 푸아티에Poitiers 대학과 파리-낭테르Paris-Nanterre 대학을 거쳐 1973년도에는 소르본Sorbonne 대학에 자리를 잡았고, 1976년에 은퇴하였다. 그는 1995년 12월 25일 파리에서 사망하였

고, 파리의 판탱-보비니Pantin-Bobigny 묘지에 묻혔다.

○ 레비나스 사상의 철학사적인 위치

비록 유대인으로서의 가족적, 민족적 비극이 그의 사상을 형성하는 데 결정적인 영향을 미쳤지만, 레비나스의 사상을 이해하기 위해서는 그가 처한 철학사적인 위치와 그가 철학을 공부한 당시의 철학적 분위기를 고려해야 할 것입니다.
그렇다면 무엇이 그의 사상을 형성하게 된 철학사적인 배경이 되는 걸까요? 아래 설명을 들어봅시다.

레비나스 철학의 철학사적인 맥락은 크게 3개의 키워드를 통해 이해할 수 있다. 첫째, 플라톤 전통을 잇는 사상으로 이해할 수 있다. 이런 배경은 유대교라는 그의 삶과 문화에 배어 있는 전통적인 사상과 연관되어 있다. 둘째, 포스트모더니즘의 핵심 멤버로서 이해할 수 있다. 이 배경은 그가 철학을 시작하면서 접하게 되었던 '현상학'과 연관되어 있다. 셋째, 현대 윤리학의 선두 주자로서 이해할 수 있다. 이 마지막 배경은 '포스트모더니즘'이라는 현대사회의 시대적 요구에 응답하는 자신만의 고유한 독창성과 연관되어 있다.

○ 플라톤 사상의 전통을 잇는 현대 사상

레비나스는 자신의 철학적인 배경으로 플라톤과 플로티노스(네오플라토니즘)의 전통을 취한다. 특히 『존재와 다르게 혹은 본질의 저편Autrement qu'être ou Au-delà de l'essence』에서 이러한 특징을 두드러지게 나타내고 있다. 이 책에서 레비나스는 본질을 넘어서는 그 무엇을 '선함bonté'이라고 규정하고 있는데, 이는 플라톤이 말한 선善, bien의 이데아를 상기시키고 있다.

『존재의 저편』, 『존재와 다른』, 혹은 『존재와 다르게』 ―통시성 안에 위치한, 무한으로 이해된― 는 마치 플라톤의 선(선의 이데아)처럼 알려져 있다.

— 『존재와 다르게(a)』, p.36

이런 사상적 배경은 그의 윤리학이 결국 '선을 지향하여야 한다!'는 근본 모토를 가지게 되는 계기라고 할 수 있다. 왜냐하면 그가 궁극적으로 주장하고 있는 '무조건적이고 무제약적인 이웃에 대한 책임과 헌신'은 '선' 혹은 '사랑'이라는 이름 외 다른 것이 아니기 때문이다.

> 선을 존재 위에 두는 플라톤의 공식은 가장 일반적인 관점이다. … 실존하는 자를 선으로 인도하는 운동은 이를 통해서 실존하는 자가 보다 상위적인 실존으로 도약하는 초월성을 의미하는 것이 아니라, 다만 존재로부터의 탈출이며, 자신을 기술하는 범주로부터의 탈출을 의미한다.
>
>  — 『실존에서 실존하는 자로』, 서문

신에 대해서, 인간의 본질에 대해서, 그리고 종교나 죽음에 대해서 끊임없이 초월성을 강조하며, 총체성을 인지하거나 규정하는 것을 부정하고 '무한', '무' 등의 부정성의 언어로 표현하는 것도 플라톤의 사상에 영향을 받았다고 할 수 있다. 왜냐하면 진리를 '이데아'와 동일시할 때, 이데아란 무한히 접근해 갈 수 있는 것이지만 결코 완전하게 인지하거나

소유할 수 있는 것은 아니기 때문이다. 통속적으로 말해 '현실적인 것'이란 이미 '이상적인 것'은 아니기 때문이다. 반면 타자의 얼굴에 무한의 흔적이 나타난다거나 이웃에서 신의 울림을 발견할 수 있다는 것은 플로티노스의 사상을 반영하고 있다고 볼 수 있다. 왜냐하면 플로티노스에게 있어서 모든 존재하는 것은 곧 '일자一者(신)'에서 유출된 것이며, 따라서 모든 존재하는 것은 정도의 차이를 가지고 '일자'의 속성, 혹은 흔적을 지니고 있기 때문이다.

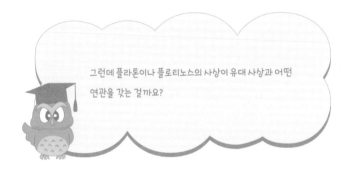

그런데 플라톤이나 플로티노스의 사상이 유대 사상과 어떤 연관을 갖는 걸까요?

유대 사상은 구약성경에 기초한 사상이다. 유대-그리스도교 전통에서 공히 경전으로 사용되고 있는 것은 '구약성경'이며, '신약성경'은 그리스도교의 경전이지만 유대교의 경전은 아니다. 유대교는 신약성경 대신에 주로 랍비(스승들)들의 가르침을 담고 있는 '탈무드'를 사용하고 있다. 그렇다면 유대교와 그리스도교의 근본적인 차이는 어디에 있는가? 그것은 신약성경에서 사람의 모습으로 온 '그리스도 예수'를 구세주로 인정하는가, 아닌가에 있다. 유대인들은 그리스도를 구약성경이 예언한 '구세주'가 아니라고 보고 있으며, 아직도 구세주를 기다리고 있는 민족이다. 따라서 구약성경을 완성하였다고 말하고 있는 신약성경의 '사랑의 교의'를 그들은 수용하지 않는다. 그래서 그들은 다분히 율법적인 특성을 가지고 있는 탈무드를 사용하는 것이다.

이슬람 · 유대교 · 그리스도교의 기원과 차이			
공통점	아브라함(믿음의 조상)		
	아내	하가르(여종)	사라(본처)
	자녀	이스마엘	이삭
차이점	종교	이슬람	유대교	그리스도교
	신	알라	야훼	하느님(야훼)
	경전	코란	구약성경	구약+신약성경
	메시아(구세주)	오지 않음	오지 않음	예수(그리스도)

이러한 차이점은 당연히 철학적 사상에 그대로 반영되어 나타나고 있다. 그리스도교 철학자와 유대교 철학자 사이에는 전혀 다른 형이상학적 분위기가 발견되는데, 유대교 철학자들이 진리의 초월성을 강조하고 있다면, 그리스도교 철학자들은 진리의 내재성을 강조하고 있다. 따라서 그리스도교 계통의 철학자들은 하나같이 신은 내 마음속에 이미 있다고 말한다.

아우구스티누스Aurelius Augustinus는 『고백록』에서 신은 나의 내면에 있지만, 나의 의식보다 더 깊이 있어서 내가 의식할 수 없다고 보았고, 아빌라의 테레사Teresa de Jesus 역시 『영혼의 성』에서 인간 영혼의 가장 깊숙한 곳을 신이 거주하는 거처로 묘사하고 있다. 이러한 사유들은 신이 인간이 된 성육신聖肉身 사건과 그리스도의 사상에 근거해 있다고 할 수 있다. 즉 신과 인간은 이미 하나가 된 것이기 때문에, 신앙을 가진 개개인의 영혼에 신이 탄생하고 그들은 곧 신의 자녀가 된다는 것을 의미한다. 이러한 관점은 중세 신비주의자 에크하르트Johannes Eckhart의 핵심 사상을 이루고 있다. 마찬가지로 키르케고르Sören Kierkegaard 역시 정신으로서의 인간의 자기규정은 '무한자(신)'와의 관계성 속에서 자신을 정립하는 것으로 보았다. 이처럼 그리스도교 철학자들은 신과 인간 사이의 내밀한 관계성을 염두에 두고 세계와 인간을 이해하고자 하였다.

이러한 배경 아래서 토마스 아퀴나스Thomas Aguinas는 플라톤의 이데아론이 아닌 아리스토텔레스의 형상론을 뒤따르면서 진리가 존재에 내재해 있다고 보았다. 그리하여 자연법과 인정법人定法을 신의 영원한 의지를 의미하는 '영원법'의 표상이나 연장으로 보았고, 나아가 지복至福(더없는 행복)은 이미 이 지상의 삶에서 시작된다고 본 것이다. 현대의 그리스도교 철학자인 에마뉘엘 무니에Emmanuel Mounier는 『인격주의』에서 현대의 그리스도교는 성육신을 모범으로 하여 일종의 '인격의 사회적 강림'을 주장하는 '사회의 인격화'를 주장한다고 분석한다. 한마디로 이 세상의 사회적 제도나 체제를 통해 신의 뜻을 실현하여야 한다고 본 것이다.

반면 유대인들에게 있어서 그들의 신은 개개인과 내밀하게 관계성을 가지는 존재가 아니라 자신들의 민족을 이끌어가는 유일한 자신들의 주인chef이자 스승maître이었다. 따라서 신의 관념에 성육신의 개념은 존재하지 않는다. 이러한 이유로 유대인들은 신의 초월성을 강조하고, 탈무드에서도 신의 형상화(이미지화)를 금지하고 있는 것이다. 유대교 철학자인 쉴로모 삥스Shlomo Pinès는 『철학함의 자유』에서 유대인들에게 있어서 '자유'란 그 어떤 지상의 국가나 체제도 그들의 신이나 율법을 대신할 수 없으며, 오직 유일한 주인이자 구세주인 야훼에게만 그들의 운명을 맡기는 것, 즉 일체의 지상의 권위나 힘에 대한 비종속으로 이해하였다. •

• 수천 년 동안 안정된 국가를 가지지 못하고 유랑민족으로 살았던 이유는 유대민족이 힘이 없는 나약한 민족이었기 때문이 아니라, 지상의 권력에 의존하지 않고 오직 야훼에게만 의존하고자 한 그들의 자유의 개념에 있다고 할 수 있지요. 그래서 오늘날 '이스라엘'이라는 국가 체제를 가지고 막강한 군사력과 경제력을 소유하게 된 것을 오히려 유대민족이 '자유 개념'을 상실하고 있는 현상이라고 우려하는 학자들도 있답니다.

바로 이런 신의 '초월성'은 레비나스에게 있어서 '존재의 중립성', '내용이 없음', '저편', '무' 등 부정성의 언어로 표현되고 있다. 즉 진리란 항상 저편의 것, 존재를 넘어서는 것, 언어를 초월하는 것 등으로 나타나며, 이는 이 현세에 대립하는 플라톤의 이데아 개념과 맥락을 같이하고 있는 것이다. 만일 유일한 신적인 속성이 있다면 그것은 오직 플라톤이 말

• 일반적으로 존재와 관계되는 철학적 용어에는 몇 가지 구분이 있습니다. 불어 용어에서 '존재Être'란 초월적인 존재 혹은 신의 존재를 지칭하는 용어이며, 소문자로 시작되는 존재 être는 일반적인 존재, 즉 특정한 대상이나 내용을 염두에 두지 않은 '없지 않고 있음' 혹은 '있는 대상들 일반'을 지칭하며, 반면 구체적인 내용을 가진 개별적인 존재는 '존재자étant'로 표현하고 있습니다.

한 '선의 이데아', 즉 모든 상대적인 규정을 넘어서는 '순수한 선' 혹은 '절대적인 선'으로서의 속성만이 신의 속성이 될 수 있는 것이다.

그래서 레비나스는 존재에 대한 참여를 유신론으로 이해하고, 특정한 사상 —존재론 혹은 세계관— 안에 안주하는 것을 오히려 존재(신)로부터의 분리, 무신론 등으로 표현하며 이를 이기주의라고 생각하고 있다.

존재Être*에 참여하는 것 없이, 실존 안에서 분리된 존재 être가 홀로 나타나고 있는 이 같은 매우 완전한 분리를 우리는 '무신론無神論'이라고 부를 수가 있다. 그럼에도 사람들은 맹신을 통해서 가끔은 존재에 유착하고 있다고 생각할 수가 있다. … 사람들은 신의 바깥에서 살고 있으며, 그 자신의 사상 안에 살고 있으며, 그는 자기 자신일 뿐이다. 이것이 곧 이기주의다.

— 『총체와 무한』, p.29

　　말하자면 존재란 절대적인 초월성이며, 절대적 초월성만
이 '진정한 신'의 모습에 어울리기 때문에 신에 대한 모든 철
학적, 사상적인 논의들은 오히려 신으로부터 분리를 야기하
는 '이기주의'라는 것이다. 물론 여기서 이기주의란 '죄가 없
는 이기주의' 혹은 '본성적인 삶'을 의미한다. 인간이 안전한
사상을 가지고 안주할수록, 이웃을 향한 열림이 작아지기 때
문에 이기주의인 것이다.

　　요약하자면 유대교의 철학은 이데아의 세계(진리)란 지상
의 세계(현상계)로부터 완전히 구분되고 초월된 세계라는 플
라톤의 이원론적 사유, 즉 디지털적인 사유에 기초해 있다
면, 그리스도교의 철학은 이러한 두 세계가 서로 지속적으로
소통하고 있음을 강조하는 아날로그적 사유
에 기초해 있다고 말할 수 있다.

레비나스의 사상적 출발점이 후설이나 하이데거의 독일 철학이었고,
또 그의 사상이 본질적으로 유대 사상에 기초한 것이라고 한다면, 어떤
의미에서 그를 '프랑스 철학자'라고 할 수 있을까요? 이는 단순히 그가
프랑스 국적을 가졌기 때문인가요? 아니면 그의 사상에 프랑스
철학의 정신이나 특성이 있기 때문인가요?

○ 포스트모더니즘의 중심 사상가

사실 하이데거의 실존주의 철학과 후설의 현상학을 공부
하면서 철학을 시작한 레비나스는 그 어떤 프랑스 철학자보
다도 독일 철학의 특성을 잘 견지하고 있다고 할 수 있다. 이
런 측면에서 레비나스의 저서들은 좋게 말하면 프랑스의 철
학서들 가운데 가장 심오한 책 중에 속한다고 할 수 있으며,
나쁘게 말하면 가장 난해하고 어려운 책 중에 속한다고 할
수 있다. 특히 하이데거의 영향을 받은 그는 자신이 표현하
고자 하는 내용을 보다 섬세하게 설명하기 위해서 일상적으
로 사용하지 않는 많은 용어들을 고안하여 사용하고 있다.

예를 들면 "시간의 통시성 안에 주어진 비-일치성의 현상le phénomène de la non-coïncidence donnée dans la diachronie du temps"이라든가, "얼굴에서의 현상성의 결함la défection de la phénoménalité en visage" 등과 같은 말들은 그 설명을 들어 보지 않고는 도저히 무엇을 의미하는 것인지 감을 잡을 수가 없다.

이뿐만 아니라 몇 개의 단어를 이어 붙여서 특정한 의미를 나타내고자 하는 용어들, 예를 들어 "분화되지 않은 상태"를 표현하기 위해서 "l'état-de-non-différenciation"이라고 이어 붙이거나 "변화 속에 이미 존재하는 것"을 표현하기 위해서 "être-déjà-dans-le-devenir"처럼 단어들을 이어 붙인 용어들은 정확히 하이데거나 독일 철학에서 사용하는 방식에 따라 만들어진 것이다. 나아가 그의 저술들은 거의 문학 서적이라고 할 수 있을 만큼 시적인 표현이나 은유적인 표현들을 많이 포함하고 있다. 예를 들어 "타자의 얼굴은 곧 계시가 된다"라거나 "정의를 피해 가는 정의도 있다", 혹은 "죽은 후에 얼굴은 마스크가 된다"와 같은 말들은 매우 함축적이고 은유적인 표현이어서, 추가 설명이 없으면 독자들이 그 의미를 도무지 이해할 수가 없다.

그럼에도 우리는 레비나스의 사상을 프랑스 철학의 전통적 특징을 잘 드러내고 있는 프랑스적인 철학이라고 말할 수 있을 것인데, 그 이유는 '구체적인 것'에 대한 열정을 견지하고 있다는 점이다. 프랑스 철학의 한 특징은 형이상학적인 문제를 공허한 관념이나 사변으로 일관하지 않고, 이를 현실의 문제 안으로 가지고 와서 충실하게 현실의 문제들과 함께 규명하고 있다는 것에 있다. 그렇기 때문에 프랑스 철학자들은 하나같이 형이상학적인 반성을 시도하면서 심리학, 사회학, 윤리학, 정치학, 인류학, 언어학, 종교학 등의 구체적인 학문과 연관하여 문제 해결을 시도하고 있다. 레비나스의 경우는 일상 언어와 심리학 그리고 윤리학 등과 연관되어 있다고 할 수 있다. 그렇기 때문에 종래에는 철학자들이 별 관심을 갖지 않았던, 향락, 섹스, 가정, 이웃, 얼굴, 평화 등의 용어들이 그의 철학의 중심 개념들로 자리 잡게 된다.

레비나스에게 있어서 현상학의 영향은 그의 사상 전반에 걸쳐서, 특히 종교적인 것과 유대교의 사상에 관련된 것에 있어서, '본질적인 것'이 아닌, '현상적인 것'을 기술하는 데 주목하게 하는 역할을 하고 있다. 그는 로고스, 본질, 실체,

진리 등과 같은 형이상학적인 지반을 멀리하고자 지속적으로 노력하고 있는데, 이러한 점은 '해체주의'라는 포스트모더니즘의 이념과 노선을 같이하고 있다고 볼 수 있다.

> 그런데 왜 포스트모더니즘의 사상은 '로고스'나 '본질' 그리고 '실체'나 '진리' 같은 형이상학적 지반을 다지기를 거부하였나요? 그리고 해체주의는 무엇을 해체하고자 한 것인가요?

사실 포스트모더니즘의 사상이 어느 날 갑자기 나타난 것은 아니다. '모더니즘'을 '현대 사상'이라고 한다면, 포스트모더니즘은 '탈현대 사상'이라고 할 수 있다. 또한 '해체주의'란, 기존의 사상들이 마치 진리처럼 전제하고 있었던 어떤 사상의 틀 중에서도 '주체 개념' 혹은 '주체의 구조'를 해체하려는 것을 말한다. 근대 철학이 사유하는 인간의 주체에 대한 자각으로부터 출발한다면, 해체주의는 이러한 사상이 매우 인간중심적이며, 도구적인 이성이라고 본 것이다. 이런 의미에서 엄밀히 말해 해체주의는 '탈근대주의'라고 해야 할 것이다.

해체주의자들이 인간중심주의를 비판하는 근거는 크게 두 가지일 것이다. 하나는 인간이란 것도 세계의 한 구성요소일 뿐이기에 세계의 중심이 될 수가 없으며, 따라서 인간중심주의(이성중심주의)는 세계와 자연을 인간을 위해 도구적으로 사용하고자 하는 이기심의 발로라고 보기 때문이다. 이러한 사유를 도구적 이성에 대한 비판이라고 부른다. 둘째는 해체주의자들이 세계라는 깃 자체를 더 이상 조화, 질서, 법칙으로 보지 않고 일종의 혼돈으로 보기 때문에 모든 질서나 법칙이라는 것은 인간의 이성이 자신에게 적합한 방식으로 규정한 것에 불과한 것으로 보기 때문이다. 칸트는 이러한 것을 '합목적성'이라고 지칭한 바 있다.

따라서 올바로 사유를 시작하기 위해서는 그 시작의 출발이 되는 주체에 대한 개념이나 구조를 해체하여야 한다고 본 것이다. 그중에서도 특히 고대, 중세에 형이상학의 지반이 되고 있었던 '로고스'나 '본질' 혹은 '실체'나 '진리' 같은 개념들을 해체하여야만 한다고 생각한 것은 당연한 일이다. 포스트모더니즘은 이러한 해체주의를 뒤따라, 다만 주체를 해체하는 것이 아니라 기존의 사회가 가지고 있었던 사회구조나 사회구조에 대한 인식, 즉 사회적 패러다임을 해체하고 새로운 패러다임을 창출하여야 한다고 주장하고 있다.

예를 들어 포스트모더니즘의 특징은 현대사회가 여러 가지 측면에서 '전체주의적'으로 흐르고 있으며 이러한 경향에서 개인의 개성이나 인격이 말살되고 있다고 파악한다. 따라서 포스트모더니즘은 '일체의 전체주의를 배격하고 개인의 존재의미나 존엄성을 회복하여야 한다'는 대전제를 가지고

포스트모더니즘의 사상가들은 '세계의 구조'나 '인류의 변증법적인 역사과정' 혹은 '생명의 탄생과 진화론'과 같은 거대한 담론을 배격하고 사소하지만 매우 중요한 일상의 미시세계에 대해 관심을 가졌어요. 왜냐하면 거대담론이란 그 자체로 참도 거짓도 아닌 것이라고 보았기 때문이며, 대중들에게 보다 중요하고 의미 있는 것이 미시세계의 일상적인 것들이라고 봤기 때문이랍니다. 그렇기 때문에 이들은 하나같이 전체화된 사회에 매몰된 개인의 자유와 개성을 복원하여야 한다고 주장한답니다. 이들의 주장을 간단히 살펴보면 다음과 같습니다.

출발하고 있다고 말할 수 있다.

포스트모더니즘 사상가들의 주장들	
아도르노	전체화된 사회에서 개인이 말살되고 있다고 보고, 각 개인이 비판적인 사유를 가지고 전체화된 사회로부터 분리될 것을 촉구함.
데리다	인간이 사용하는 개념들의 '차연(차이와 지연)'에 주안점을 두고 차이에 대한 긍정을 주장하는 일종의 '똘레랑스'를 강조함.
레비나스	한 개별자의 자기동일성이 다른 사람과의 관계로부터 주어지는 것으로 보았고, 따라서 존재론에 대한 추구를 포기하고 관계성에 대한 탐구를 의미하는 윤리학을 제일철학으로 삼아야 한다고 주장함.
푸코	인간의 본질 그 자체를 '자유'로 보았고 진리란 당대의 '대중으로부터의 수용'에 달린 것이기에 사회구조가 곧 진리의 척도라고 생각함. 대중을 억압하는 전체주의적 힘에 맞서 대중들의 연대를 통한 새로운 사회질서를 창출하여야 함을 역설함.

레비나스가 특히 영향을 받은 사상을 들라면 데리다의 언어 철학이라고 할 수 있다. 데리다는 하나의 단어란 그 자체로는 무의미하고, 의미를 가지기 위해서는 전체 문장 속에

서 의미의 맥락을 가져야 한다고 생각하였는데, 이런 관점하에서 레비나스는 하나의 언어가 진정한 의미를 가질 수 있기 위해서 그 맥락을 인간 실존의 문제, 현실적인 문제 그리고 정치적인 문제들과 연관시켜 살펴봐야 한다고 주장하고 있다. 이는 형이상학적이고 역사적인 거대담론을 거부하고, 사소한 일상의 미시세계를 철학적 담론의 장으로 취하고 있는 포스트모더니즘의 전형적인 특징이라고 할 수 있다.

특히 레비나스는 개체를 전체 속에서 해명하고자 하는 것을 부정하고 다수(개체들)에게 형이상학적인 지위를 부여하며, '전체성' 이외의 것이 있음을 제시하고자 하였다. 이런 노력은 20세기 이후에 나타난 대담한 시도다. 따라서 레비나스의 작품들은 20세기 후반의 철학을 잘 보여 주고 있다고 할 수 있다. 그는 마치 현대에 일어날 많은 논쟁들을 미리 예상했던 것처럼 자신의 작품을 통해 현대사회가 가진 많은 질문들을 테마화하고 있다. 약자들을 위한 배려나 이웃과의 관계성, 이방인의 문제나 소수자의 문제, 여성 문제나 죽음의 문제 등 오늘날의 사회가 지니고 있는 다양한 사회적 문제를 논하고자 할 때, 레비나스의 저작들과 사유를 참고한다는 것은 충분히 그만한 가치가 있는 일이다.

○ 현대 윤리학의 중심에서

레비나스에게 주어지는 현대 문화적 공간의 핵심은 윤리학이다. 그의 질문은 윤리학이란 무엇인가? 하는 것에 모아지고 있다. 존재론과 형이상학에 대한 그의 회의적인 시각은 자연히 '윤리학이 제일철학이 되어야 한다'는 생각으로 모아지게 된다. 여기서 윤리학의 핵심은 '관계성'이다. 그리고 그의 윤리학은 우선적으로 당시 시대가 가지고 있었던 가장 큰 사회적인 위험, 즉 '전체주의'의 득세에 대한 자각과 우려에서 출발하였다.

레비나스는 일체의 전체성에 대한 인식이나 추구를 일종의 '이데올로기'로 간주하였다. 따라서 그의 타자에 대한 논의는 일체의 전체주의적 사상을 배격하고자 하는 숨은 의도가 있다고 볼 수 있다. 이런 관점에서 그의 시각은 푸코나 라캉과 같은 포스트모더니즘의 이념에 충실하다고 할 수 있다. 하지만 그의 사회적, 철학적 시각은 정의, 정당성, 권리 등의 사회적 조건들에 대한 연구가 아니다. 그것은 다분히 유대

· 그리스도교적 전통(구약성경의 전통)에서 선지자들이 주장 하였던 이웃에 대한 사랑과 무조건적인 환대 그리고 자기헌 신을 강조하고 있다. 이 때문에 프랑스의 문호 장 라크르와 Jean Lacroix는 그의 사상을 '유대교적 인격주의'라고 칭하고 있 다. 물론 어떤 사상가들은 그의 철학이 마침내 신학으로 향 하고 있다고 비판하기도 한다.

아마도 그의 이러한 사상적 특징은 젊은 시절 그가 즐겨 읽었던 도스토엡스키의 정신, 즉 '각자는 만인 앞에서 모두에 게 책임이 있다'는 범인류애적인 사해동포주의의 영향이 컸 다고 볼 수 있다. 왜냐하면 그는 비록 강한 유대이즘의 성향 을 보이고 있지만 스스로 유대 사상가가 아니라, 단순한 사 상가라고 밝히고 있기 때문이다.

나는 성경에 순종하지만, 나의 의지로 성경에 동의한다. 나는 이러한 이유로 특별한 유대인 사상가가 아니다. 나는 다만 사상가일 뿐이다.

— 『앎과 다르게』, p.83

레비나스는 존재론을 거부하고 윤리학을 주장하고 있지만, 이러한 윤리학은 칸트가 말하는 규범적 도덕성과는 거리가 멀다. 도덕법칙을 규명하고자 하는 것은 전혀 레비나스의 윤리학이 지향하는 것이 아니다. 레비나스의 윤리학은 오히려 세계와 인간에 대한 존재론적인 문제를 현상학으로 규명하는 것이라고 할 수 있다. 즉 인간이 처한 근본적인 상황이 곧 '관계성'으로 나타나고, 따라서 인간의 문제는 곧 '윤리적인 문제'로 환원되는 것이다.

타자의 얼굴이 곧 신성함을 반영하고 얼굴이 곧 '계시'라거나, 나와 아무 상관이 없는 이웃의 고통을 '무조건적인 환대'와 '무한한 책임'으로 포용하여야 한다는 그의 사유는 거의 종교적인 차원의 새로운 형이상학이라고 할 수도 있다. 즉 일종의 포스트모더니즘의 신학이라고 불러도 지나친 것은 아닐 것이다.

그런데 레비나스가 특히 '얼굴'이라는 용어에 초점을 맞추어 그의 핵심 사상을 전개하고 있기 때문에 현대의 연구자들은 그의 철학을 얼굴의 철학이라 평가하기도 한다. 이는 레비나스의 사상이 곧 '휴머니즘' 혹은 '타자를 위한 휴머니즘'

에 입각해 있다는 것을 말해 준다. 이유도, 조건도, 합리성도, 정당성도 묻지 않고, 인간은 오직 나약하고 힘없는 타자, 고통받고 신음하는 이웃을 자신의 가장 친근한 벗으로 환대하여야 하며, 주체란 오직 이러한 타자에게 환대가 가능할 때만 주체일 수 있다는 그의 윤리적인 언명은 매우 종교적이고 예언자적이다.

> 그런데 인간이 본성적으로 이기적인 존재라는 것을 감안한다면, 윤리적, 도덕적인 명령이란 어떤 정당성 혹은 당위성을 전제할 때만 실효적이지 않나요? 이유나 조건 혹은 당위성이나 정당성을 묻지 않고 무조건 나와 다른 타인들을 위해 희생하고 헌신하라는 것은 이상적인 것 같지만 왠지 공허한 외침이 되어 버릴 것 같은데요?

사실 이러한 질문은 레비나스의 사상에서는 언제나 등장할 수 있는 문제이고, 또 이로 인한 비판은 피해 갈 수 없는 문제이다. 레비나스 역시 이러한 질문이나 비판을 예상하지 못한 것은 아닐 것이다. 하지만 레비나스의 관점에서 보자면 만일 인간이 본성적으로 이기적이거나 선하지 않은 것이 사실이라면, 역설적이게도 일체의 정당성이나 당위성은 오히려 인간이 자신의 이기적인 행위를 정당하게 하고 당위적으로 만드는 데 사용할 수가 있을 것이다. 그래서 그는 세상에는 "정의를 피해 가는 정의가 있다(『존재와 다르게』, p.200)"라고 말하고 있는 것이다. 레비나스가 타자에 대한 윤리적인 의무가 '무조건적'이어야 한다고 생각한 것은 일체의 위선에 대한 배격을 겨냥하고 있다고 볼 수 있다.

타인이 구조적으로 나보다는 신에게 더 가까이 있다는 말은 단김에 모든 설교의 위선을 금지하면서 필요한 물질적인 직접성들(입히고, 먹이고, 나의 지갑을 여는)에 있어서 내가 응답을 준다는 것이다.

— 『실존에서 실존하는 자로』, p.69

그렇기 때문에 타자를 위한 나의 헌신이나 희생은 '힘겨운 자유'로 표현되는 것이다. 아마도 키르케고르라면 "이러저러한 악행이나 선행이 문제가 아니라, 내 안에 있는 죄성罪性과 선성善性이 문제이다"라고 할 것이다. 나의 행위가 나의 본성에서 기인되는 것이라면, 결국 나의 본성을 치유할 때 나의 행위는 모두 선하게 될 것이다. 그래서 키르케고르는 무한자(신)에 관계된 자기를 정립하는 것을 모든 문제의 열쇠처럼 고려한 것이다. 하지만 레비나스의 관점에서 보자면 절대적인 초월성으로서의 신의 존재는 인간과 인격적으로 관계성을 가질 수 있는 존재가 아니다. 그렇기 때문에 신을 만나는 길은 오직 신의 흔적을 간직한 이웃으로 향하는 것뿐이다. 이는 또한 유대교의 윤리와 그리스도교의 윤리가 가지는 근본적인 차이점이라고 할 수 있다. 바로 이러한 이유로 레비나스의 사상이 이데올로기, 즉 '실재가 될 수도 없고, 이루어질 수 없는 것을 가정하는 사상'이라고 비판받기도 하는 것이다. 어쨌든 레비나스의 사유들은 현대사회의 윤리적, 도덕적 고민에 키워드가 된다는 차원에서 오늘날 매우 유용한 사상임에 틀림이 없다. 비록 레비나스의 사상이 이데올로기적 경향성을 가지고 있다고 해도, 그의 윤리학이 말하고 있는 것은 현대의 사회적 고민들에 해결 가능성을 제공하기에 충분한 사상임은 부정할 수 없을 것이다.

그는 과거의 형이상학자들과 달리 인간의 육체, 욕망, 가정, 섹스, 성차별 등과 같이 사소한 일상의 문제들에 매우 큰 의미를 부여하고 분석하고 있다. 그는 무한이나 초월성을 지향하는 인간의 정신을 '형이상학적 욕망'이라고 부르고 있으며, 인간은 욕망을 채우기보다는 욕망을 발견한다고 보고 있다. 즉 욕망하는 것도 인간의 의무이자 권리라는 것이다. 가령 그는 나체를 '얼굴의 과도한 노출'이라고 생각하고, 인간 나체의 우수성을 주장하기도 한다. 여성과 남성을 서로 다른 성이라고 보지 않고, 모든 인간이 다른 인간에 대해서 이타성異他性(낯설고 다름)을 갖는 것과 마찬가지로 여성도 '이타성'을 지니고 있을 뿐이라고 본다. 그리고 인간이란 본질적으로 남성의 여성에 대한 참여, 여성의 남성에 대한 참여라고 보는 것이다.

남성과 여성 사이의 존재론적 차이에 대한 모든 이러한 암시가 인간성을 두 종(혹은 두 종류)으로 나누고자 하는 것이 아니라, 남성의 여성에 대한 참여 그리고 여성의 남성에 대한 참여가 모든 인간 존재의 고유함이었음을 의미하고자 하는 것이다.

— 『시간과 타자』, p.71

나아가 그는 기존의 도덕에 대해서 '도덕적'이라는 말 그 자체가 이미, '내가 옳음'이라는 이기적인 사유를 동반한다고 보고 있으며, 이런 인식을 바탕으로 무조건적이고 무한한 책임을 강조하고 있다. 이러한 그의 사유에는 모든 인간은 정도의 차이는 가지겠지만, 죄인일 수밖에 없다는 구약성경의 전통이 강하게 깔려 있으며, 또한 근본적으로 약소민족, 유랑민족이라는 '유대민족'의 운명에 대한 강한 애착이 드러난다고도 볼 수 있다. 즉 도덕적 수혜의 대상자가 된다는 것 자체가 인간으로서의 존엄과 주체성을 상실시키는 것이라고 본 것이다.

하지만 폴 리쾨르Paul Ricœur는 레비나스의 무한 책임을 "무한 책임은 무효가 된다"는 말로 비판하고 있다. 즉 이러한 무조건적이고 무한한 책임성에 대한 주장이 '정의의 정상적인 기능'을 상실하게 한다고 비판한 것이다. 하지만 이러한 비판에도 불구하고 레비나스의 사상이, 빈익빈 부익부가 더욱 두드러지고, 약자에 대한 사회적 보호가 더욱 요청되는 현대사회에서, 나아가 온갖 종류의 전체주의적 사상이 득세하는 현대사회에서 문제 해결을 위한 많은 사유의 단초를 제공해 주고 있다는 사실은 의심할 수가 없다.

2장

존재의 중립성과
형이상학적 윤리학

한국영화를 좋아하는 사람이라면 누구나 제목 정도는 알고 있을 영화 중에 이창동 감독의 〈밀양〉(2007)이라는 영화가 있다. 이 영화는 매우 종교적인 영화이면서 동시에 매우 인간적인 영화라고 할 수 있다. 남편을 잃고 유일한 혈육인 어린 아들을 돌보며 삶의 희망을 이어 가던 주인공 '신애'에게 비극이 닥친다. 유괴범에게 아들마저 잃고 만 것이다. 분노와 상실감을 딛고 살기 위해 교회로 향했던 신애는 일견 신앙의 힘으로 슬픔을 극복하고 새로운 삶에 대한 희망을 가지는 것처럼 보인다. 하지만, 자기 자식을 죽인 유괴범 역시 교도소에서 하느님을 만나고, 하느님의 자비로 용서를 받았으며, 비로소 마음의 평화를 찾았다는 말을 듣고는 다시금 분노하게 된다. 자신은 아직 용서하지 못했는데, 어떻게 이럴 수 있는가 하고 절규하는 것이다.

이 영화가 던지는 메시지는 관점에 따라 다를 수 있다. 한편으로는 신의 사랑을 이해하지 못하는 주인공의 나약한 인간성이란 차원에서 바라볼 수 있으며, 다른 한편으로는 자신의 죄악을 너무 쉽게 잊어버리고 신의 이름으로 스스로 면죄부를 주고 있는 유괴범의 거짓 신앙이란 차원에서 바라볼 수도 있다. 어느 쪽이든 공통되는 점은 '신의 이름을 함부로 부르지 말라!'는 성경의 교훈일 것이다. 사실 인류 역사상 수많은 인간의 과오가 '신의 이름'이나 '진리의 이름'으로 저질러졌다. 특히 세계나 인간의 존재론적인 진리에 대한 어떤 절대적인 '확신'은 때로 엄청난 비극을 가져오기도 한다.

레비나스가 존재론에 대한 회의를 갖고 "윤리학이 제일철학이 되어야 한다"라고 주장한 이유가 바로 여기에 있다. 그것이 어떤 이름으로 말해지든지 절대자, 총체, 무한 등의 개념은 인간의 인식을 초월하는 것이며, 인간은 결코 이러한 절대적인 존재에 대한 진리를 소유할 수 없다는 것이다. 그래서 그는 소유할 수 없는 것을 소유하려 하기보다는 구체적인 삶의 문제인 윤리학에 대해 관심을 기울이라고 요청하고 있는 것이다.

일반적으로 철학자들의 사유를 보면 먼저 '존재론'을 제시하고, 그런 다음 '인식론', 그리고 그다음에 '윤리학'으로 나아가는 것을 볼 수 있습니다. 그런데 왜, 그리고 어떻게 레비나스는 '존재론'과 '인식론'을 건너뛴 채 '윤리학'으로 바로 나아가는 것일까요? 아래 설명을 들어 봅시다.

○ 존재란 '무'이고 '중립'이다

철학자들에게 있어서 형이상학적인 시각을 가진다는 것은 매우 중요하고 피할 수 없는 것이다. 형이상학이란 여러 의미를 가진 말이지만 가장 단순하게 말하면 '눈에 보이는 것 너머에 있는 것을 보는 것'이다. 가령 자연은 조화롭고 정화하는 능력을 가지고 있는데, "무엇이 이러한 조화를 보존하고 정화를 가능하게 하는 것인가?"를 묻는다면 이는 곧 형이상학적인 질문이 된다. 그렇기 때문에 신에 관하여, 세계에 관하여, 그리고 영혼에 관하여 질문한다는 것은 곧 형이상학적인 질문이 되는 것이다. 마찬가지로 자아나 마음 혹은 본성에 관한 질문도 사실은 형이상학적인 질문이다. 그래서 형이상학적인 시각을 가진 사람에게 있어서 '본질과 현상', '육체와 영혼', '참된 것과 허상' 등의 이원적인 것을 통해 세상을 고찰한다는 것은 피할 수 없는 일이다. 세상을 이원화시켜서는 안 되겠지만, 세계를 이해하기 위해서 이원적인 시각을 가질 수밖에 없는 것이 인간 이성의 특성임은 부정할 수 없다.

큰 것을 보면서 작은 것을 알 수 있고, 남성을 이해하면서 여성을 구분할 수 있고, 또 정상을 보면서 비정상을 구분할 수 있는 것이다. 인간을 건강한 자와 병든 자의 두 부류로 구분해서는 결코 안 되겠지만, '건강'과 '병'을 구분할 수 없다면 환자는 결코 치유될 수가 없을 것이다. 그렇기 때문에 아무리 철학자들이 부정하려고 애를 써도 인간에게서 형이상학적 시각을 배제할 수는 없을 것이다.

전통적으로 철학자들은 세계의 원인(기원)이나, 세계를 지탱하고 조화롭게 하는 세계의 근원에 대해서 생각하였다. 왜냐하면 인간이 무엇인지를 이해하기 위해서는, 인간이 그 안에 자리 잡고 있는 세계를 먼저 알지 않으면 안 되었기 때문이다. 마찬가지로 철학자들은 '영혼'이나 '자아' 혹은 '의식'이나 '마음'에 대한 질문을 하게 되는데, 이는 한 개인의 행위의 원인이 그의 영혼이나 자아 혹은 의식이라고 보기 때문이다. 따라서 자연과 인간으로 대변되는 '세계'에 대한 질문을 던지며 이러한 세계의 기원이나 근원, 그리고 세계의 구조나 모습 등에 대해 사유를 한다는 것은 전통적인 철학에서는 우선적으로 주어지는 것이다. 그리고 철학자들은 이러한 세계의 원인이나 근원을 '존재', '우주의 제일원인', '신' 혹은 '도道'라는 말로 지칭하였다. '존재론'이란 우선적으로 이러한 대상들에 대해 사유하고 탐구하는 것을 말하는 것이다.

그런데 세계를 보다 잘 이해하기 위해서 요청되는 이러한 존재론적인 앎이 오히려 민족이나 문화 사이의 대립과 갈등을 낳고 있지 않나요? 가령 십자군 전쟁과 같이 종교전쟁이라고 말할 수 있는 모든 전쟁들은 사실상 존재론의 차이에서 비롯된 것이 아닐까요?

그렇다. 이런 질문은 어떤 관점에서 정확하게 레비나스가 보여 준 문제 제기였다. 세계를 보다 잘 이해하기 위해서 요청된 이러한 존재론이 경우에 따라서는 오히려 세계를 혼란스럽게 하고 서로 분열시키는 갈등의 원인이 되기도 한다. 가령 동일하게 세계의 원인이나 근원을 인정하는 사람이라고 할지라도 이것을 '신'이라고 말하는 사람과 '도'라고 말하는 사람, 그리고 '세계 영혼'이라고 말하는 사람들은 서로를 오류에 빠진 사람이라고 말할 것이기 때문이다. 마찬가지로 동일하게 '신'이라고 긍정하는 사람들 사이에도 이러한 신이

모든 철학적인 연구들은 예외 없이 존재론으로 —존재자로부터 존재에로, 본질에 관한 지성화 작업으로— 거슬러 올라간다.

— 『존재와 다르게(b)』, p.30

'유일신'인가, '여러 신'인가 혹은 '야훼'인가, '알라'인가에 따라서 서로가 '이단'이라고 배척할 것이기 때문이다.

그런데 사실상 이러한 분열과 대립은 존재론을 가졌기 때문이 아니라, 존재론의 의미를 잘못 이해하거나 의미가 잘못 적용되었기 때문에 발생한다고 해야 할 것이다. 통속적으로 말해서 '달은 보지 못하고, 달을 가리키는 손가락만을 보기 때문'이라고 말할 수 있다. 즉 단어가 궁극적으로 지시하고자 하는 것을 고려하지 않고, 단어들이 가진 차이만을 보기 때문인 것이다. 레비나스의 관점에서 보자면, 존재란 초월적인 것이기 때문에 인간의 언어로써 표현될 수 있는 것이 아니다. 신이라고 부르든 존재라고 부르든 도라고 부르든 순수한 철학적 입장에서 보자면 이러한 용어들은 실재를 지칭하기 위한 '기호' 혹은 '상징'일 뿐이다. 그래서 레비나스는 존재의 중립성neutralité을 주장하는 것이다. 즉 존재란 인간이 고안한 그 어떤 특정 언어의 편에 속하는 것이 아니라는 말이다.

레비나스에게는 존재란 분명 무엇이 있기는 하지만 내용을 알 수 없는 것, 즉 존재의 나타남은 마치 가능한 모든 주체sujet의 부재不在처럼 고려되고 있다. 유대인들이 '야훼'라

내가 비지향적인 하나의 사유를 통해서 헌신하는 무한Infini
에 있어서 우리들의 언어의 어떤 전치사도 ―우리가 도움을
청하는 à* 마저도― 헌신을 번역할 수 없을 것이다. 통시적
인 시간이 유일한 암호인 신은 헌신이며 동시에 초월이다.

― 『시간과 타자』, p.250

• 신과 관련된 말(행위)을 할 때 사용하는 전치사로는 pour(~을 위해), avec(~와 함께), par(~을 통해) 등이 있습니다. 그런데 이 같은 용어는 신과 함께 사용하기에는 매우 강한 표현이며, 자칫 자기기만이나 오만함의 표현이 될 수 있지요. 가령 누군가 "나는 신을 위해, 신을 통하여, 신과 함께 이 말을 한다"라고 했을 때, 누구도 그것을 사실이라고 확신할 수 없기 때문이랍니다. 그런데 이 같은 전치사들 중 가장 부드럽고 무난한 표현이 à, 즉 '~에 있어서' 혹은 '~ 편에서'라는 표현이지요. 그런데 레비나스는 신을 절대적인 초월자로 간주하기에 이마저도 사용할 수가 없다고 주장하는 것이랍니다. 이는 일종의 철학적 겸손이라고 할 수 있겠지요.

고 부른 존재도 철학자의 관점에서 보면 '절대적인 초월자'로서 주체와 객체를 가지기 이전의 비개별적 존재, 존재자étant가 아닌, 즉 내용이 없는 존재l'être sans étant이다. 본질을 가지기 이전의 이 순수한 실존은 모든 존재자들에 대한 선재성先在性, antériorité으로서 레비나스의 표현을 빌리면 '공허'

54

혹은 '비어 있음vide'이다. 레비나스는 이를 매우 시적으로 표현하고 있다.

>
> 움푹 파인 이 공허는, 죽어가는 이를 통해서 비어진 공석처럼, 수도자들의 중얼거리는 소리처럼, 즉시 '무엇이 있음il y a'이라는 익명의 희미한 소리로 가득 찬다. 존재의 본질은 '그 스스로 있지 않음'을 지배한다.
>
> — 『존재와 다르게(b)』, p.14

무엇이 있기는 하지만 전혀 이름을 가지지 않고 규정할 내용을 가지지 않는 것, 이는 마치 "도道를 무어라고 말하면 이미 도가 아니다"라고 말하는 도가들의 진술과 거의 유사한 표현이다. 어떤 보편적 형식이나 개별적인 형식도 가지지 않으면서 존재하는 이 근원적인 존재는 그래서 본질이나 언어의 차원에서는 중립적인 것이고 또 '무無'인 것이다.

아마도 유일하게 규정할 수 있는 것이 있다면, '존재하는 모든 것(일체의 존재자들)의 근원이다'라는 진술뿐일 것이다.

모든 존재자들(개별적 존재들)은 그 스스로 존재할 수 없고 오직 관계성의 거물 속에서만 존재할 수 있다. 반면 (초월적인) 존재는 관계성마저 초월한 존재이다. 그렇기 때문에 존재는 '그 스스로 있지 않는 모든 것', 즉 관계성 중에 있는 모든 존재자들의 유일한 근원일 수가 있는 것이다. 그리고 바로 이런 이유로 그 어떤 특수한 개별적인 존재자에게 특별히 더 가깝거나 더 친근한 존재일 수가 없는 것이다. 그래서 존재는 그 자체로 중립성일 수밖에 없다. 비유적으로 말하자면 빛 그 자체는 어떠한 색도 포함하고 있지 않기 때문에, 즉 일체의 색을 초월하고 있기 때문에 예외 없이 모든 색의 근원일 수가 있는 것이다.

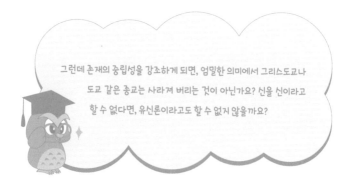

그런데 존재의 중립성을 강조하게 되면, 엄밀한 의미에서 그리스도교나 도교 같은 종교는 사라져 버리는 것이 아닌가요? 신을 신이라고 할 수 없다면, 유신론이라고도 할 수 없지 않을까요?

그렇게 생각할 수도 있겠지만, 결론부터 말하면 그렇지 않다. 레비나스의 관점에서 종교가 사라지는 지점은 '존재의 중립성'에 있는 것이 아니라, '지성의 중립성' 혹은 '중립적 지성'의 차원에서이다. 레비나스는 이를 하이데거의 사유에서 발견하고 있다.

> 하이데거의 작품들 중에서 내가 좋아하는 것은 『존재와 시간』이다. … 하이데거의 마지막 사유들에 대해서 나는 잘 알지 못한다. 하지만 나를 조금 두렵게 하는 것은 인간이 '익명의 혹은 중립적 지성성 intelligibilité anonyme ou neutre'이 되어 버리는 담론의 전개이다. 여기서는 신의 계시가 이 중립적 지성에 종속되어 버린다.
>
> — 『우리들 사이에』, p.134

존재의 중립성은 '신' 혹은 '무한자'라고 할 수 있는 초월적 존재를 긍정하지만, 이러한 초월자가 어떠한 구체적인 언어로 표현되는가에 있어서 '중립성'을 가진다는 말이다. 즉 초월자를 가장 잘 표현하고 있는 특정 언어나 개념 혹은 가장 잘 묘사해 줄 구체적인 내용은 어디에도 없다는 의미이다. 반면 한 사람의 유대 교인으로서의 레비나스에게 이러한 초월자는 '야훼'로, 자기 민족의 역사와 문화를 통해서 '계시된 신'인 것은 부정할 수 없는 사실이다. 이는 말하자면 인간의 지성은 그 자체로 한계를 가진 존재로서, 초월자가 인간의 지성에 계시될 때, 그리고 인간의 지성이 신에 대해서 사유할 때는 필연적으로 민족적, 가족적, 개인적인 차원의 역사적, 문화적 맥락 속에서, 즉 어떤 한계를 가진 구체적인 상황 속에서 계시되고 또 그 속에서 사유할 수밖에 없다는 것을 말해 주고 있다. 그래서 레비나스는 종교 역시도 관계성이라고 주장한다.

종교는 하나의 관계성이다. 즉 지식처럼 지향성intention-nalité으로 구조화되지 않은 관계이다.

— 『시간과 타자』, p.8

반면 '중립적 지성' 혹은 '익명적인 지성'에서는 이런 역사적, 문화적 혹은 민족적 특수성이 모두 사라져 버린다. 즉 세계를 고려함에 있어서 마치 수학 공식을 다루듯 모든 개별성을 배제시켜 버리는 것을 말한다. 윤리를 수학 방정식처럼 다루고 있는 스피노자는 지성의 중립성을 잘 보여 주는 대표적인 예라고 할 수 있다. 마찬가지로 레비나스가 하이데거의 존재에 대한 담론이 인간을 '중립적 지성'으로 만들어 버린다고 보았다면 그것은 지성이 존재를 사유함에 있어서 일체의 개별성이나 특수성을 배제해 버리기 때문이다. 다시 말해서 하이데거에게 있어서 '존재'란 결코 역사적, 문화적, 민족적 특수성 안에서 사유될 수 없는 것이다. 그래서 하이데거는 존재는 신도 아니고, 세계의 지반도 아니며, 그 무엇도 아니라고 한다. 그리고 존재란 결코 언어로 표현될 수 없는 것이며, 오히려 '존재가 언어의 집', 즉 존재로 인해 언어가 참된 의미와 생명을 갖게 된다고 본 것이다. 이는 '도道'는 언어에 의해서 표현될 수 없고, 오히려 '도'로 말미암아 인간의 언어들이 참된 의미나 생명을 가지게 된다는, 도가들의 사유와 유사한 것이다.

요약하자면, 레비나스에게 있어서 존재란 초월적인 것인 동시에, 개별적이고 특수한 한계 내에 있는 인간 지성의 차원에서 계시될 수 있지만, 하이데거에게 있어서는 인간의 지성이 익명적 혹은 중립적이 되면서, 일체의 역사적, 문화적 특수성으로서는 파악될 수 없는 그 무엇이다. 그렇기 때문에 하이데거에게 있어서 '신의 계시'라는 것도, 존재의 의미라는 차원에서는 거의 '무의미한 것'이 되어 버리고, 다만 중립적인 지성이 이를 자유롭게 '해석' 혹은 '테마화'할 수 있을 뿐이다. 그래서 레비나스는 하이데거를 정당하게 무신론자로 부를 수 있다고 본다.

존재의 중립성에 대한 개념은 모든 반대되는 사상들을 감싸 안는다. 아마도 레비나스가 존재에 대해서 이렇게 중립성을 강조하고 있는 개인적인 이유가 있다면, 그것은 자신의 민족과 가족을 죽음의 비극으로 몰고 간 가장 근본적인 이유가, 서로 다른 민족이 서로 다른 '존재론'을 소유하고 있었다는 사실에 기인한다고 보았기 때문일 것이다.

만일 존재être가 절대적인 초월성처럼 인간이 인식하거나 말로 나타낼 수 있는 것이 아무것도 없는 그런 양식을 가지고 있다면 이러한 존재를 인간이 어떻게 체험할 수 있는 걸까요? 만일 전혀 체험될 수 없는 것이라면 애초에 '유대교'라는 것이 어떻게 시작될 수 있었을까요?

레비나스 사상에서 존재에 대한 체험은 일반인들이 일상 언어에서 말하는 의미로서는 체험될 수가 없는 것이다. 하지만 특별한 의미로, 즉 형이상학적 체험이라는 의미로는 체험 가능한 것이라고 할 수 있다. 레비나스에게 있어서 존재être에 대한 체험은 '실재론réalisme'의 차원에서도, '관념론idéalisme'의 차원에서도 성립할 수가 없다. 나아가 그 어떤 이론적인 사상의 틀 속에서도 성립할 수 없다. 반면 역설적으로 '모든 이론적이고 사상적인 긍정'에 대한 부정을 통해서는 성립이 가능하다. 이런 체험은 '무한 혹은 절대적인 초월'에 대한 형이상학적인 체험이라고 말할 수 있다. 이런 존재의 현존에 대한 체험을 가능하게 하는 것은 주관적인 것도, 객관적인 것도 아니며, 모든 것들에 대한 부정, 모든 긍정들의 부재 absence de toute affirmation 그 자체이다. '절대적인 비움' 이후에 만나게 되는 그 무엇이 존재에 대한 체험이기 때문이다.

우리는 존재에 속박되어 있다. 우리는 모든 대상, 모든 내용으로부터 분리되지만 현존présence이 있다. 무néant의 뒤편에서 솟아나는 이 현존은 개별적인 존재도 아니며 공허에 작용하는 의식의 기능도 아니며, 다만 제 사물들과 의식을 포함하는 '무엇이 있음il y a'의 보편적인 사태일 뿐이다.

— 『실존으로부터 실존하는 자로』, p.109

모든 것을 비워 낸 무의 상태에서 비로소 나타나는 현존은 진리의 조건이 비움이라는 것을 말해 주고 있다. 따라서 이런 무의 상태는 마치 불교의 수도승이나 중세의 신비주의자가 '절대적인 무'에 도달하려던 것과 유사한 것이다.

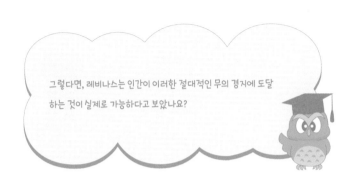

그렇다면, 레비나스는 인간이 이러한 절대적인 무의 경지에 도달하는 것이 실제로 가능하다고 보았나요?

　물론 매우 암시적이고 비유적인 표현을 사용하는 레비나스의 글들을 통해서 이러한 질문에 단정적으로 답한다는 것은 쉬운 일이 아니다. 왜냐하면 절대적인 초월성이라는 말 안에는 '모든 가능한 관계성의 단절'이라는 의미가 담겨 있기 때문이다. 하지만 이러한 초월성이 존재론적인 단절 혹은 물리적인 단절을 의미하는 것이 아니라, 의식의 단절 혹은 인식의 단절을 의미한다고 보면 가능하다고 할 수 있다. 왜냐하면 레비나스는 인간의 의식이 완전한 무의 상태로 이르는 것이 가능하다고 말하고 있기 때문이다. 그는 이를 매우 은유적으로 다음과 같이 말하고 있다.

의식은 잠들 수 있는 능력이다.

La conscience est le pouvoir de dormir.

— 『시간과 타자』, p.30

말하자면 인간이 '이해' 혹은 '인식'이라는
모든 앎을 비워 내고 났을 때에 비로소 보이는 것이 존재의
현존이라는 것이다. 레비나스의 존재의 중립성에 대한 개념
을 통속적으로 말하면 다음과 같이 될 것이다. "무어라 말할
수 있는 신이라면 이미 신이 아니며, 신은 오직 형이상학적
체험(무에 대한 체험)으로서만 체험될 수 있는 존재일 뿐이다."
그렇기 때문에 신이 실재한다고 한다면 이런 신은 이름이 없
는 신이자, 어떤 민족이나 문화가 독점할 수 없는 신이며, 그
어떤 민족도 우선권을 주장할 수 없는 신일 수밖에 없다. 마
치 태양빛이 모두에게 공평하게 내리쬐듯이 모든 인류를, 그
리고 모든 존재자들을 공평하고 동
등하게 포용하는 보편적인 신이라
고 말해야만 할 것이다. 따라서 이
러한 레비나스의 사유는 유대민족

• 선민사상이란 신이 특정한 민족 혹
은 사람들을 구원하기 위하여 선택했
다는 사상을 말합니다.

64

의 '선민사상'●이 가진 한계를 넘어서고자 하는 철학적 노력이라 볼 수도 있다.

요약해서 말하자면 신의 현존이 인간 정신 앞에 현존하는 방식은 우선적으로는 역사적, 문화적 맥락 속에서의 특성으로 나타난다. 하지만 진정한 형이상학적 체험은 모든 앎의 차원, 특수성의 차원을 넘어선, 어떤 관점에서는 존재마저도 넘어선, '무'의 저편에서 솟아나는 빛처럼 체험되는 초월자인 것이다. 그러나 이러한 체험은 특별하고 예외적인 사람들, 즉 신비주의자나 성인들에게 허락된 것이며, 대다수의 일반인들에게는 '타자'의 얼굴에서 보여지는 무한의 흔적에서 신의 현존을 발견할 수밖에 없는 것이다.

○ 스스로 헌신할 수 있는 자가 자유로운 자다

레비나스가 존재론에 대한 일체의 이론화, 체계화를 거부한다는 것은 이미 윤리학의 출현을 예고하고 있는 것이다. 왜냐하면 현상적으로 체험이 불가능하고, 표현이 불가능한 것을 '인식한다'고 말할 수는 없기 때문에 여기서는 인식론의 성립 가능성마저도 없어진다.

레비나스의 윤리학은 한마디로 관계성에 대한 고찰과 탐구라고 할 수 있다. 따라서 이러한 윤리학은 칸트적 의미의 규범적 도덕성과는 거리가 멀다. 정당성이나 당위성 혹은 행위의 준칙 등의 도덕법칙을 규명하는 것은 전혀 레비나스의 윤리학이 지향하는 것이 아니다. 레비나스의 윤리학은 오히려 세계와 인간에 대한, 특히 인간이 타자에 대해 가지고 있는 원초적인 국면을 현상학으로 규명하는 것이라고 할 수 있다. 즉 인간이 처한 근본적인 상황이 곧 '관계성'으로 나타나고, 따라서 인간의 문제는 곧 '윤리적인 문제'로 환원되는 것이다. 이를 좀 더 어려운 철학 용어로 말하면 "타자의 형이상학적 외면성 속에서 인간의 진정한 관계성의 기원을 발견하는 것"이 될 것이다.

타자의 얼굴이 곧 신성함을 반향하고 있다거나, 타자의 얼굴이 곧 '계시'라는 것은 본질적으로 인간은 신과 어떤 형이상학적인 관계성을 가지고 있는 존재 —최소한 관계성을 가질 수 있는 존재— 로 보는 것이다. 그렇기 때문에 나와 아무상관이 없는 이웃의 고통을 '무조건적인 환대'와 '무한한 책

임성'으로 포용하여야 한다는 그의 사유는 정당성이나 당위
성의 차원이 아니라, 종교적인 색조를 가진 실존의 언어라고
해야 할 것이다.

> 그로서, 그리고 제3자의 사람으로서 무한의 흔적은 어떤
> 의미에서 존재와 존재자의 구별을 넘어서
> 있다. 오직 초월적인 한 존재만이 (무한의)
> 흔적을 남길 수 있다.
>
> — 『시간과 타자』, p.201

> 이웃의 얼굴은 모든 자유로운 동의, 모든 협정, 모든 계약
> 서에 앞서서 나에게 거부할 수 없는 하나의 책임
> 성을 의미한다. … 이웃은 마치 그가 나에게 말을
> 걸기 이전에 내가 그의 목소리를 들은 것처럼
> 내가 휘어잡기 이전에 나를 휘어잡는다.
>
> — 『존재와 다르게(a)』, p.110

즉 이러한 진술들 자체가 마치 예언자가 신의 메시지를 전

달하듯이 그렇게 선포하고 있는 것이다. 이러한 그의 최종 진술이 그가 현상학적으로 고찰한 인간의 상황이기 때문에 우리는 이를 새로운 차원의 존재론이라고 할 수도 있을 것이다. 강하게 말하면 포스트모더니즘의 신학인 셈이다. 즉 레비나스의 윤리학은 그 자체로 형이상학적 윤리학, 종교적 지평의 존재론적 윤리학이라고 불러도 좋을 것이다. 바로 이것이 '윤리학이 제일철학이 되어야 한다'고 말하는 이유이다.

그렇다면 레비나스를 단순히 철학자로 볼 것이 아니라, 오히려 새로운 현대의 유대 예언자라고 봐야 할 것 같은데요. 구약성경 속 예언자들의 메시지와 레비나스의 윤리적인 언명 사이에 차이점이 있다면 무엇일까요?

레비나스 스스로가 자신을 특별히 '유대교 철학자'라고 말할 수가 없고 '단순한 사상가'일 뿐이라고 했듯이, 그는 결코 엄밀한 의미의 예언자로 불릴 수는 없을 것이다. 왜냐하면

'구약성경의 예언자'란 신의 명령을 자신의 백성들에게 전달하는 사람을 의미하지만, 레비나스의 경우는 인간이 처한 상황을 현상학적으로 파악하고 철학적, 예술적으로 표현하고 있을 뿐이기 때문이다. 그렇기 때문에 그의 윤리적 언명을 예언자들의 명령처럼 볼 수는 없다. 그래서 레비나스는 이웃을 위한 무조건적인 헌신은 '의무감'이 아니라 자율적인 것, 즉 도덕적 자각과 자신의 자유에 달려 있다고 말하고 있다.

> 그(자유인)는 스스로를 불태우며, 스스로 자신을 내주며,
> 스스로 위치를 바꾸며, 그의 자리를 잃으며, 추방되며, 그
> 자신 안으로 감금되며, … 하나의 비장소에서 자신을 비우
> 며, 타인에게로 대치할 시점에서 그 자신
> 에게 있어서는 오직 그의 추방의 흔적 안
> 에서만 자신을 유지할 뿐이다.

> — 『존재와 다르게(b)』, p.217

그래서 후학들은 이러한 자유를 힘겨운 자유liberté difficile라고 덧붙이고 있다. 즉 자유로운 자란 (명령이나 의무감에 의해서

가 아니라) 자발적으로 이웃에게 헌신할 수 있는 자이다. 따라서 그의 윤리적 언명은 매우 '휴머니즘적인 것'이다.

아마도 레비나스의 윤리학에 대한 가장 정당한 평가를 내리자면, 젊은 시절 그가 즐겨 읽었던 도스토옙스키의 정신(각자는 만인 앞에서 모두에게 책임이 있다)을 참고할 수 있을 것이다. 레비나스의 윤리학이란 '범인류애적인 사해동포주의'와 구약성경 예언자들의 정신(고아와 과부들을 먼저 돌보라)이 적절하게 조화를 이룬 사상이라고 평가할 수 있을 것이다.

레비나스의 용어 정리하기

존재와 존재의 중립성

전통적으로 '존재'라는 말은 세계의 지반 혹은 근원처럼 여겨졌었다. 유신론자(가브리엘 마르셀)한테서 '존재'란 '신'과 호환될 수 있는 개념이다. 반면 무신론자(하이데거)에게 존재란 마치 도가의 도道처럼 모든 것에 내재해 있고 말로 표현될 수 없으며 모든 것에 본래적인 의미를 부여하는 것으로 생각되었다. 유신론자이자 동시에 현상학자이기도 한 레비나스에게 있어서 존재être란 마치 신이 현존하는 방식이기도 하고, 또 모든 존재자étant들의 지반과도 같다. 그렇기 때문에 오히려 존재는 인간의 인식과 언어를 초월하는 초월성이며, 신은 또한 존재를 넘어서는 절대적인 초월성이다. 따라서 존재란 인간의 인식과 언어적 표현에 있어서는 중립성neutralité이다. 모든 언어적 표현을 초월하는, '무엇이 있음il y a'을 의미하는 존재는 곧 무無와 섞여서 교환될 수 있는 개념이다. 존재의 중립성은 레비나스로 하여금 존재론ontologie을 부정하게 하는 이유가 된다.

3장 레비나스 윤리학의 여러 개념들
― 일 상 언 어 테 마 화 하 기

─────●───●───●───────── 종교영화로는 드물게 칸 영화

제에서 대상을 받았던 자비에 보브와Xavier Beauvois 감독의 프
랑스 영화 〈신과 인간〉(2010)은 알제리 산골의 가톨릭 수도사
들의 실화를 다룬 영화이다. 무슬림 마을 한가운데서 마을 사
람들을 위해 헌신하며 살아가는 가톨릭의 수도사들은 테러의
위협을 피해 프랑스로 돌아갈 것인지, 위협에 맞서 마을 사람
들을 보호하기 위해 남을 것인지를 두고 갈등하나 신념을 위
해 남기로 한다. 하지만 1명을 제외한 7명이 모두 테러분자들
의 인질이 되고 결국 살해당하고 만다. 무엇 하나 나무랄 데
없는 멋진 영화임이 분명하고 종교적 신념과 숭고한 인간애,
그리고 테러와 정치에 대한 다양한 이슈의 확인이 가능한 영
화이다.

하지만 이 중에서 별로 사람들의 이목을 끌지 않지만 감동

을 주는 장면들은 오히려 수도사들의 소소한 일상을 보여 주는 장면이었다. 서로 종교와 문화가 전혀 다른 민족의 사람들이 완전히 하나 된 모습, 마치 아주 가까운 친척이나 형제들인 것처럼 가난한 이들을 돌보며 그들과 깊은 내적인 관계성을 지니고 있었던 그 수도사들의 모습은 '평범한 성자들'의 모습을 보는 듯하였다. 레비나스가 '타자'와 '관계성'을 강조하면서 "자신이 포용할 수 없는 것까지도 포용할 수 있을 때 진정한 주체성을 가질 수 있다"고 말한 그 의미를 가장 잘 보여 주고 있는 모습이 이 영화 속의 수도사들이 아닌가 생각되었다.

어떤 의미에서 레비나스의 철학은 거창한 사상을 다루고 있는 것은 아니라고 할 수 있다. 그는 일반인들이 일상에서 자주 사용하는 평범한 언어들을 가지고 철학적 작업을 전개시켜 나간다. 하지만 그가 사용하는 개념들은 매우 독창적이다. 즉 일반적으로 통용되고 있는 의미와는 매우 다른 새로운 의미를 가진 개념들이거나 동일한 의미를 내포하고 있더라도 자신만의 색깔과 자신만의 뉘앙스를 가진 용어와 개념들을 고안해 내고 있다. 좀 더 직설적으로 말하면 '기존'의 일상 언어들을 가지고 '새로운 주제를 창작하였다'고 할 수 있다. 그리고 이러한 창작의 근원은 그가 지닌 민족적, 개별적인 삶의 배경에 있다. 배경과 형식이 정확히 일치한다는 차원에서 그는 매우 독자적인 스타일을 지니고 있다고 볼 수 있다. 따라서 그의 작업은 거의 '미학적인 지평' 혹은 '예술적 범주'에 속한다고 해도 과언이 아니다.

그렇기 때문에 레비나스의 저작 속의 여러 개념들을 언어적 정확성이나, 타당성 혹은 진위의 여부를 가지고 접근할 수는 없을 것이다. 왜냐하면 그의 개념들은 근본적으로 사실에 대한 정확한 파악과 재현을 위한 것이 아니라, 실존의 풍요와 의식의 확장을 위한 것이기 때문이다. 즉 그의 언어들은 독자들의 공감대를 위한 것, 어떤 의미로는 '새로운 지적 감수성의 창조'를 위한 것이지, 사태의 정확한 파악과 기술을 위한 것이 아니기 때문이다. 통속적으로 말하면 그의 철학적 작업은 그 시작에 있어서는 현상학이었지만 그 결실은 거의 예술적, 종교적 지평에 도달하고 있다.

○ 향유와 떠남

레비나스에게 '내가 누구인가'를 의미하는 '나의 정체성
identité', 혹은 '동일성'은 타인과의 관계성을 통해 주어진다.

내가 된다는 것은 … 내용을 가지는 것처럼 동
일성(정체성)을 가지는 것이다. '나'는 항상 동일
하게 유지되는 존재가 아니라, 그 자신에게 다
가오는 모든 것들을 통하여 자신을 식별하고
정체성을 발견하는 것이다.

— 『총체와 무한』, p.6

이는 사실이다. 내가 누구라고 말하든 이는 어떤 관계성을 전제하고 있다. '두 자녀의 아버지이다'라고 말한다는 것은 두 자녀와 나의 관계를 전제하는 것이며, '교사'라고 말한다는 것은 학생과 나의 관계를, 그리고 '크리스천이다'라고 말한다는 것은 그리스도교와 나의 관계를 전제하고 있는 것이다. 이렇게 나의 동일성은 내가 지닌 다양한 관계성들의 종합 혹은 통합이라고 할 수가 있다.

그런데 시간적으로나 발생적으로 '나의 동일성'보다 앞서는 것이 있다. 그것은 곧 나의 나다움이다. 나다움은 '내가 나답게 생각한다', '나답게 행동한다', '나답게 산다', 나아가 '나답게 존재한다'는 것을 말한다. 이러한 '나다움'은 나의 동일성(정체성)을 통해서도 나타나는 것이겠지만, '나의 동일성'이 있기 이전에 이미 나타나는 것이다. 그것은 '향유', 즉 '삶의 향유'에서 나타나고 있다.

산다는 것, 이는 마지막 목적과 본능의 긴장에도 불구하고, 향유한다는 것이다. 어떤 것에 대해 하나의 목적의 의미, 하나의 존재론적인 방편의 의미 없이, 이 어떤 것을 사는

잠깐!!!

'정체성'과 '동일성'이란?

영어의 '아이덴티티identity'나 불어의 '이당띠떼identité'는 '자기정체성' 혹은 '자기동일성'으로 번역된답니다. 이는 '나는 누구입니다'라고 말하는 것입니다. 일반적으로 자기정체성은 어떤 특정한 범주에서의 나의 정체, 가령 '민주주의자', '불교신자', '좌파정치인', '우파정치인' 등을 말하며, 자기동일성이란 삶의 다양한 범주를 아우르는 나의 정체를 말하는 것으로 '통일된 자아'라고 할 수 있습니다. 이러한 통일된 자아는 한마디로 표현할 수 없는 것으로, 단적으로 '나의 통일된 의식'을 말하는 것입니다. 물론 많은 사람들이 분명한 정체성을 가지고 있다고 해도 자기동일성을 가지고 사는 사람은 퍽 드물다고 할 수 있지요. 사람들은 다양한 정체성을 가지고 있을 수 있지만, 자기동일성은 하나여야 합니다. 왜냐하면 내가 여러 개의 동일성을 가지고 있다는 것은 곧 '분열된 자아를 가지고 있다는 것' 혹은 '자아분열을 앓고 있다는 것'을 의미한다고 할 수 있기 때문입니다. 물론 이러한 자기동일성이 실현 불가능하다거나 허상이라고 비판하는 사상가들도 있답니다.

78

것이다.

— 『총체와 무한』, p.107

'나je'라는 단어는 모든 것 그리고 모두에게 응답하면서 '내가 여기 있다'는 것을 의미한다.

— 『존재와 다르게(a)』, p.145

인간은 즐김과 누림을 통해서 세계와의 접촉에 들어간다. 여기서 가장 근원적인 방식은 감성적, 신체적 측면이다. 어린이들은 생각하기 이전에 이미 행동한다. 어른들도 특별한 목적이 없이 그냥 자신이 좋아하기 때문에 혹은 단순히 내가 원하기 때문에 어떤 것을 한다. 그것이 즐거움이나 기쁨을 주기 때문이다. 이를 '어떤 것을 향유한다'고 한다. 인간은 이렇게 향유하는 것에 있어서 이미 남과 다른 자신만의 무언가를 표출하고 있다. 이것이 곧 '자기다움'의 한 특성이다. 레비나스는 이를 '주체성'이라고 부른다.

향유하는 동안에는 어느 누구도 나를 대신할 수 없기 때문에 자기다움, 즉 주체성이 드러나는 것이다. 여기서 우리는 '나je'의 의미를 두 가지로 구분할 수 있다. 즉 '주체성'과 '정체성'이다. '주체성'이란 나의 의지와 무관하게 애초에 나에게 주어진 육체적, 감성적 기질로부터 발생하는 '자기다움'이라고 한다면, '정체성'이란 내가 내용처럼 지니고 있는 나에 대한 규정이라고 할 수 있다. 따라서 주체성은 관계성 이전에 이미 지니고 있는 것이라면 정체성은 관계성과 더불어 주어지는 것이다. 그런데 레비나스는 이렇게 분명하게 이분법적

'나'란 탁월하게 동일성인 것이며, '동일화하기의 원초적인 작품œuvre originelle de l'identification'이다. 자아는 그의 손상들 안에서도 동일한 것이다. 이 손상들을 재현하고 이들을 생각한다. 이질적인 것이 한 주체의 틀 속에, 첫 번째 인격으로부터 포용될 수 있는 것이 보편적인 동일성이다. 보편적으로 생각한다는 것은 "나는 사유한다"이다.

— 『총체와 무한』, p.6

으로 구분하기보다는 나의 주체성을 곧 나의 정체성에 포함시켜 생각한다. 즉 그에게 나의 동일성이란 이미 나의 존재에 기입된 나의 기질적 특성이나 본성적 특성까지를 포함하는 것이다.

데카르트가 나의 주체성을 '사유하는 나'로부터 발견하고자 하였다면, 그것은 나(인간)의 존재가 본질적으로 정신적인 존재라고 보았기 때문이다. 반면 레비나스는 데카르트가 과소평가했던 나의 육체적, 감성적 존재에 우선적인 권한을 부여하고 그 의미를 부각시키고 있다. 육체적, 감성적 차원에서 이미 나의 '주체성'이 드러나고 있으며, 이는 '사유하는 나의 정신'이 철회할 수는 없는 '원초적인originelle 것', '나만의 것'이다. 또한 나만의 유일한 것이기에 '작품'이라고 할 수 있는 것이다. 이 원초적인 작품이 첫 번째 '나의 인격'이라고 할 수 있으며, '사유하는 주체로서의 나'는 그 이후에 나타나는 것이다. 그렇기 때문에 나는 어떤 존재인가에 대해 질문할 때, 레비나스는 먼저 내가 향유하는 것에 주목하고 있는 것이다.

데카르트의 주체성과 레비나스의 주체성	
데카르트	① '나의 정신이 곧 나의 행동의 주인'이라는 의미. ② 모든 것을 곰곰이 생각한 뒤 명석판명 하게 참이거나 올바른 것이라고 여겨질 때 그것을 선택하고 행동함. '내가 내 행위의 주인이자 내 삶의 주인'이 된다는 것을 의미함. ③ 근대적 의미의 주체성임. 이는 자아(자기동일성) 형성의 원리가 됨.
레비나스	① 생각하기 이전에 감각하고 느끼게 되는 감성의 차원, 혹은 육체적 차원에서 이미 '나다움', 즉 나의 주체성이 드러난다고 봄. ② 이는 사유하는 이성보다는 느끼는 육체나 감성, 그리고 의지意志하는 것에 더 큰 의미를 부여하고 있는 포스트모더니즘의 전형적인 특징임. ③ 주체성을 자아(자기동일성)의 원초적인 구성요소로 봄.

하지만 향유는 지속적이지 않다. 향유가 지속적이지 않고 순간적이라는 것은 삶이란 근본적으로 불안하다는 것을 의미한다. 따라서 이러한 불안의 위협에 맞서 사람들은 거주처를 구하고자 한다. 사람들은 안전한 곳에 거주하면서 세계의 요소들과의 직접적인 접촉을 피하고, 자신의 독립성과 자립성을 되찾으며, 세계를 지배하고자 하는 것이다. 이

렇게 되면 인간은 '안전함'을 누리면서 이기적이 되고, 타자와의 단절을 야기하게 된다. 한마디로 각자도생을 주장하면서 고통받는 이웃을 외면하게 되는 것이다. 즉 나의 나다움을 가져다주는 향유는 윤리적인 차원으로 나아가지 못하는 한 거주처에서의 안락함이라는 이기주의를 낳고 마는 것이다.

그런데 안전한 거주처를 원하고 또 가진다고 해서 이기적이라거나 이웃을 외면한다는 판단은 너무 성급하고 일방적인 것 같아요. 오늘날 현대인들에게 있어서 '주거 안정'이나 '내 집 마련'은 가장 큰 소망이지 않을까요?

여기서 레비나스가 말하고 있는 '안전한 거주처를 추구하는 것'은 일종의 메타포, 즉 은유이다. 존재로 향하기 위해서 끊임없이 자신을 열어젖히는 대신에 자신의 사상을 형성하고 그 사상에 입각하여 모든 것을 판단하는 사람이 곧 안전한 거주처에서 안락하게 사는 사람인 것이다. 여기서 우리는

1장에서 '자신의 사상 안에 사는 사람'을 '신의 바깥에서 사는 사람'으로 고려한 레비나스의 말을 다시 상기해 볼 필요가 있다.

사람들은 신神의 바깥에서 살고 있으며, 그 자신의 사상 안에 살고 있으며, 그는 자기 자신일 뿐이다, 이기주의….

— 『총체와 무한』, p.29

    레비나스에게 있어서 '안전함'을 구하기 위해서 거주처를 마련한다는 것은 이중적인 의미를 지니고 있다. 첫째, 철학적인 관점에서 끊임없는 '자기초월'을 포기하고 특정한 사상의 틀 속에 안주하는 일종의 정신적인 나태함을 표현하는 것이다. 둘째, 이를 문자 그대로 해석해서 '유대민족'을 향한 예언자의 목소리처럼 이해해도 될 것이다. 즉 약속의 장소(구원)로 나아가기 위해서 그 어떤 세속적인 힘이나 좋은 것에도 안주하지 말고 전진하라는 소리로 이해할 수 있다. 그 어느 것이든 진리를 위해서는 끊임없이 '버리고 떠나기'를 감행하여야 한다. '떠남'은 윤리적 존재가 되기 위해서 가장 먼저 요청되는 것이다.

• 물론 엄밀히 말하자면 여기서 절대적 진리나 신을 의미하는 용어는 '존재'라기보다는 '존재를 넘어서 있는 것'이라고 해야 할 것입니다. 하지만 이해를 쉽게 하기 위해 '존재'라는 표현을 쓰고 있습니다.

따라서 철학적으로 말하면 안전함을 확보해 주는 '거주처'란 정신적 나태함의 상징적 용어이다. 이스라엘 민족은 끊임없이 안정과 만족을 포기하고 자신의 거주처(사상 체계)를 떠나 약속된 장소(구원, 신)를 향해 나아가는 '유랑의 민족'이었다. 이들의 운명을 레비나스는 마치 현재에 만족하지 않고 존재(절대적인 진리, 신)*를 향해 끊임없이 '자기 초월'을 감행하는 형이상학자나 수행자의 삶에 비유하고 있다. 이러한 레비나스의 사유는 "내 영혼이 주님의 품에서 휴식할 때까지, 진정한 휴식은 어디에도 없다"고 고백한 아우구스티누스의 고백을 듣는 듯하고, 또한 믿음을 가지기 위해 "무한 포기"를 감행하는 키르케고르의 믿음의 기록을 보는 듯하다.

현재에 안주하지 말고 존재나 진리를 향해 끊임없이 자신을 초월하는 것이 유대교 철학자와 그리스도교 철학자들에게 있어서 공통되는 것이라면, 이 두 철학자 사이에 차이점은 어디에 있는 것인 가요?

근본적인 점에 있어서 서로 공유하는 것이 있지만, 유대교 철학자와 그리스도교 철학자들 사이에는 또한 본질적인 차이점이 있다. 그것은 개개인의 삶 안에서 자아를 정립하는 것과 관계된 것이다. 그리스도교 철학자들은 모든 개인들은 '자기 자신'을 정립함에 있어서 신과의 관계성을 토대로 하여야 한다고 주장한다. 키르케고르는 이를 가장 강하게 주장한 철학자인데, 그는 이를 '신 앞에 선 단독자'라는 말로 표현하고 있다. 반면 현대의 토미스트(토마스 아퀴나스주의자)인 에티엔느 질송Étienne Gilson은 '너 자신이 돼라!'는 말로 표현하고 있다. 이러한 말들은 모두 현재 안에서 '무한자(신)와 관계된 나의 자아'를 정립할 것을 요청하는 것이다. 반면, 레비나스는 이 지상의 삶을 벗어나지 않고서는 무한자(신)에 관계된 자아정립은 불가능할 뿐만 아니라, 자아를 정립하는 것 자체가 안정을 추구하고자 하는 일종의 '죄 없는 이기주의', '비진리'라고 보는 것이다. 그래서 오히려 자아를 허물고 이웃을 향해 나아가야만 하는 것이다.

요약하면 그리스도교 철학자가 먼저 자신과 신 사이의 관계성 정립을 우선으로 하고 이웃에 대한 사랑의 실천을 강조한다면, 유대교 철학자(레비나스)는 오히려 자아를 허물고 이웃에 대한 환대를 통해 자아를 정립하라고 요청하는 것이다.

우리는 여기서 하나의 근본적인 질문을 던져 볼 수 있다.

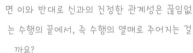

종교철학의 입장에서 수행자가 끊임없이 자기초월을 감행하는 행위는 먼저 신과의 관계성을 전제해야 하는 걸까요, 아니면 이와 반대로 신과의 진정한 관계성은 끊임없는 수행의 끝에서, 즉 수행의 열매로 주어지는 걸까요?

키르케고르라면 전자를 지지할 것이며, 레비나스라면 후자를 지지할 것이다. 아마도 파스칼이라면 둘 모두가 동시에 이루어지고 있다고 답할 것이다.

○ 형이상학적 욕망 그리고 타자와 이웃

향유에 대해 긍정적인 시각을 가진 것과는 반대로 레비나스는 욕구에 대해서는 부정적인 시각을 가지고 있다. 욕구는 결여에서 비롯되며, 이는 노동과 경제활동을 통해서 충족된다. 문제는 욕구의 질서가 필연적으로 전체성을 형성한다는 데에 있다. 전체성을 추구하는 것은 레비나스에게 그 자체로 비진리이며 오류이므로, 이러한 전체성을 넘어서는 다른 욕구가 요청되는데, 그것이 형이상학적인 욕구이다. 레비나스는 이를 형이상학적인 욕망le désir métaphysique이라고 부르고 있다. 형이상학적 욕망은 '존재에 대한 참여' 혹은 '존재의 부름에 대한 응답'을 의미한다. 우리는 이 같은 형이상학적 욕망을 '존재에 대한 갈망' 혹은 '존재에 대한 갈증'이라고 부를 수 있을 것이다. 좀 더 문학적으로 표현하면 '존재에 대한 향수'

라고 해도 무방할 것이다.

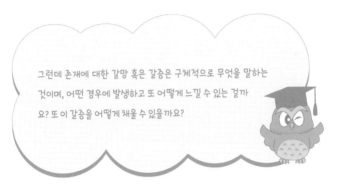

그런데 존재에 대한 갈망 혹은 갈증은 구체적으로 무엇을 말하는 것이며, 어떤 경우에 발생하고 또 어떻게 느낄 수 있는 걸까요? 또 이 갈증을 어떻게 채울 수 있을까요?

이를 이해하기 위해서 레비나스의 말을 직접 들어 보자. 그는 이를 매우 시적이고 암시적인 표현으로 말하고 있다.

존재에 있어서의 부름appelé à l'être은 도달할 수 없었던 하나의 부름에 응답한다. 왜냐하면 이 부름은 무로부터 온 것으로 명령을 듣기 이전에 순종하였기 때문이다.

— 『존재와 다르게(a)』, p.145

사실 존재에 대한 갈망이나 갈증은 인위적으로 유발할 수 있는 것이 아니다. 즉 내가 원한다고 생기는 것이 아니다. 이는 존재가 먼저 우리를 불러 주어야 하는 것이며, 이러한 부름은 도달할 수 없는 부름, 즉 우리의 의지로 이룰 수 없는 부름이다. 이는 일종의 '완전한 수동성'을 의미한다. 그렇기 때문에 역설적으로 우리는 항상 이러한 존재의 부름을 (무의식적으로) 느끼고 있고 이에 순종(응답)하고 있다고 말할 수 있다. 존재에 대한 부름이 '무無'로부터 온 것이라는 말은 이러한 부름이 어떤 구체적인 내용을 가지고 있는 것이 아니라는 말이기도 하다. 그렇기 때문에 오히려 모든 구체적인 것의 이면에 숨겨져 있는 것이라고도 볼 수 있다.

예를 들어 보자. 사람들은 누구나 '집'을 원하고, '직업'을 원하고, '지식'과 '권력'을 원하고, '벗'을 원하고, 또 '사랑할 대상'을 원한다. 이는 의심할 수 없는 사실이다. 하지만 이 모든 것들이 주어진다고 해도 여전히 만족하지는 못한다. 왜 그런 것일까? 무엇이 더 주어져야만 만족하는 것일까? 모든 것이 주어져 있는데도 만족하지 못한다는 것에는 두 가지의 이유가 있을 수 있다.

첫째, 모든 것을 가졌다고 해도 이 모든 것이 참되거나 진실된 것이 아니고 또 완전한 것이 아니기 때문이다. 사람들은 적당한 앎이 아니라 확실한 앎을 원하고, 어중간한 우정보다는 진실되고 참된 우정을 원한다. 하지만 우리는 경험상 이러한 확고하고, 참되고, 진실한 것이 현실에는 거의 없다는 것을 알고 있다. 그래서 세상에 존재하는 모든 것을 원하는 것이 아니라, 단 한 가지라도 확고하고 참된 것을, 혹은 진실하고 충만한 것을 원하는 것이다.

바로 이러한 이유로 항상 사랑이 충분하지 않은 것이다.

— 『앎과 다르게』, p.79

모든 것이 주어져 있는 것 같지만, 그럼에도 모든 것에 있어서 무언가 1% 부족한 것 같고, 그리하여 항상 무엇엔가 허기가 진 것 같은, 그리하여 항상 무엇인가를 갈망하는 상태가 이 현세를 살아가는 모든 사람들이 공통적으로 체험하고 있는 것이라면, 이런 갈망이 바로 '존재에 대한 갈망'인 것이다.

존재는 저 멀리 우리가 알 수 없는 신비로운 장소에 있는 것이 아니라, 우리에게 다가오는 모든 것 속에 있다. 나를 충만하게 하고 나에게 '나의 동일성'을 부여하는 것, 바로 그것이 존재이기 때문이다. 하지만 사물을 대상화하고 존재를 본질화하는 것에 습관이 된 인간은 소유만을 원하고 항상 존재를 피해 가는 일에 습관이 되어 있다. 그래서 늘 알 수 없는 갈증을 느끼는 것이다. 이것이 곧 '존재에 대한 갈증'이며, 존재에 대해 갈증을 느끼는 이 상태가 곧 '존재의 부름'에 (무의식적으로) 응답하고 있다는 사실을 말해 주는 것이다. 사실 여기까지는 하이데거의 존재에 대한 사유와 거의 유사하다.

모든 것이 주어져도 만족하지 못하는 두 번째 이유는 존재란 인간을 무한히 넘어서는 어떤 초월자 혹은 무한자를 말하고 있기 때문이다. 레비나스에게 있어서 존재에 대한 사유는 다만 '존재자'들이 가진 '참됨', '진실됨', '충만함' 등의 의미만을 말하고 있지 않다. 그에게는 존재에 대한 사유가 사회적, 역사적, 민족적인 맥락 속에서 보다 구체적인 옷을 입고 나타난다. 이 옷은 유대-그리스도교인의 전통에서 나타나는 '신의 관념'이다. 일반적으로 유신론적인 사상에서는 인간이란 본질적으로 자신을 넘어서는 존재와 관계성 속에 있다는 전제하에서 출발하고 있다. "인간이란 자신을 무한히 넘어서는 X"라고 막스 셸러Max Scheler가 말하였듯이 인간이란 근본적으로 무한한 것, 초월적인 것, 현세를 넘어서는 것을 갈망하는 형이상학적인 존재이다. 그리스도교인들은 자신을 넘어서는 이 초월자를 '신'이라고 부르고 있다. 레비나스는 이를 '영감을 받은 말씀의 책에 대한 관계성'에 놓인 인간으로 표현하고 있다.

인간 존재는 다만 세계에 있는 것이 아니며, 다만 그의 세계의 내에in-der-Welt-Sein 있는 것이 아니라, 영감을 받은 말씀의 책에 대한zum-Buch-Sein 그의 관계성에 놓여 있다. 이 관계는 우리가 실존하는 데 있어서 길, 집 그리고 옷만큼이나 중요한 분위기이다.

— 『우리들 사이에』, p.127

'영감을 받은 말씀의 책'이란 말할 것도 없이 '성경'을 뜻한다. 성경과의 관계성이 실존하는 데 있어서 집이나 옷 같은 일상의 필수품들만큼이나 중요한 분위기를 형성한다는 말은 종교적인 행위가 일상의 행위들만큼이나 필요불가결한 요소라는 것을 의미한다. 즉 인간은 다만 일하고, 향유하고, 학문적 활동을 하는 것이 아니라 기도하는 존재이기도 한 것이다.

하지만 레비나스가 한 사람의 유대교 신앙인이었다는 측면에서 보자면, '경전과의 관계'가 '일상의 일들과의 관계'와 동등한 중요성을 가진다는 사유는 매우 부적절한 것이 아닌가요? 종교를 가진 신앙인이라면 당연히 신과의 관계, 자기 종교의 경전과의 관계가 다른 모든 것에 우선되고 다른 모든 것의 원리나 중심이 되는 것이어야 하는 것 아닌가요?

물론 그렇다. 진정한 종교인이라면 자기 종교의 교의나 경전의 이념을 당연히 그 무엇보다 중시하고 우선시하여야 한다. 하지만 여기서 말하는 이는 종교인으로서의 레비나스가 아니라 철학자로서의 레비나스이다. 그렇기 때문에 종교적 실존을 일상의 실존과 동일한 중요성을 가지고 고려한다는 것은, 오히려 종교적인 특수성을 철학의 한 범주로 가져와서 정당하게 다룰 수 있다는 말이다. 이는 결국 존재에 대한 하이데거식의 '익명적 지성' 혹은 '중립적 지성'을 거부하고 지성의 개별성이나 특수성을 긍정하고자 하는 것이다. 즉 종교적 지평의 추구를 정당하게 인간 삶의 한 지평으로 보면서 이를 형이상학적인 욕망으로 고려하고 있는 것이다. 이같은 형이상학적인 욕망은 삶의 무한성을 가능하게 하는 것이다.

따라서 만일 레비나스가 타자의 얼굴을 무한성과 연관시키고 있는 이유가 있다면 그것은 바로 타자가 무한을 향한 형이상학적 욕망을 가지고 있기 때문이다.

가장 작은 것 안에서 무한하게 더 많은 것을 포함하는 무

한의 개념l'idée de l'infini은 얼굴에 관한
관계성의 국면 아래서 구체적으로 산출
된다.

— 『총체와 무한』, p.170

　존재의 초월성과 중립성은 지성의 차원에서는 체험되어
질 수 없는 것이기에, 인간이 자신의 형이상학적 욕망을 추
구하기 위해서는 한 가지 방법 외에 다른 방법이 없다. 그것
은 곧 '타자' 혹은 '이웃'으로 나아가는 길이다. 그래서 레비나
스에게 있어서 '영성적인 삶'이란 크리스천들에게 있어서처
럼 '신과 인간의 내밀한 관계성'을 의미하지 않는다. 그것은
곧 **타인과 이웃과의 관계성 속에서 누리는 삶**이다.

　앎이 아닌 사유의 가능성을 불러일으키면서, 나는 영적인
것un spirituel을 긍정하려고 원하였는데, 이 영적인 것은 무
엇보다 먼저 —모든 이념 이전에— 어떤 누군가의 가까이
에 있게 되는 사태 안에 있는 것이다.

— 『앎과 다르게』, p.90

이처럼 레비나스의 종교적 삶에 대한 견해는 매우 인간적이다. 한 개인의 영성적인 것은 개별적인 삶을 넘어서 타자와의 열린 관계를 통해서 발견할 수 있다는 것이 레비나스의 관점이다. 이렇게 레비나스의 사상에서는 무조건적인 환대를 통한 타자와의 관계성의 확립은 무한자와의 관계성을 대신하는 것이다. 그렇기 때문에 타자의 얼굴은 일종의 계시가 된다.

> 타자에 대한 이 관계는 자연적인 것의 질서 안에서, 존재와 앎의 순수한 양태 안에서, 혹은 존재와 앎의 근거에 있어서는 참으로 이상야릇한 것이다. 이 관계는 문자 그대로 종교적인 의미에 있어서의 계시의 문제problème de la Révélation로 우리를 데려갈 수 있는 그러한 것이다.
>
> — 『앎과 다르게』, p.80

타자의 얼굴은 나의 노력을 전제하는 것이 아니라, 타자 스스로 나타내는 것으로, 자발적인 자기표현의 가능성이다.

여기서 종교적 의미의 '계시'라는 말을 사용하는 이유는 두 가지이다. 첫째는 타자의 얼굴은 곧 무한자의 흔적이요, 무한자의 반영이기 때문에 충분히 계시라고 말할 수 있으며, 또한 이를 통해서 타자의 존엄함을 강조하고자 하기 때문이다. 둘째는 타자의 얼굴에 나타나는 일종의 윤리적인 호소를 외면하지 말라는 메시지를 강조하고자 하기 때문이다. 즉 타자의 얼굴은 곧 신의 명령처럼 나에게 다가온다는 의미이다.

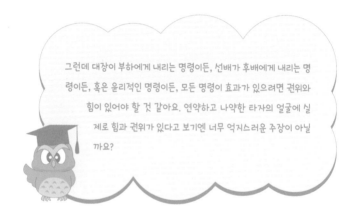

그런데 대장이 부하에게 내리는 명령이든, 선배가 후배에게 내리는 명령이든, 혹은 윤리적인 명령이든, 모든 명령이 효과가 있으려면 권위와 힘이 있어야 할 것 같아요. 연약하고 나약한 타자의 얼굴에 실제로 힘과 권위가 있다고 보기엔 너무 억지스러운 주장이 아닐까요?

타자의 얼굴에서 나타나는 윤리적인 명령은 역설적이다. 그것은 권위와 힘을 가졌기 때문이 아니라 오히려 연약하고 상처받기 쉬우며 무방비 상태에 있기 때문에 무한한 힘으로, 즉 신성의 징표로서 다가오는 것이다. 아마도 이런 레비나스의 사유는 가브리엘 마르셀Gabriel Marcel의 관점에 의하면 '무죄한 자의 순수성'이 가지는 신성한 힘이라고 할 수 있을 것이다.

예를 들어, 강도가 침입한 한 가정에 갓난아기와 건장한 아버지가 함께 자고 있다고 가정을 하자. 그런데 강도가 낸 소리에 아기의 아버지가 깨어났다면 강도는 손에 든 칼로 그를 찌를 수 있을 것이다. 반면 아기가 갑자기 깨어나 울려고 한다면 강도는 그 아기를 찌를 수 있을까? 아마도 웬만한 강심장이거나 악마 같은 사람이 아니라면 결코 그럴 수가 없을 것이다. 왜 연약하고 무방비 상태에 있는 아기를, 마음만 먹으면 해칠 수 있는 힘없는 아기를 오히려 해치지 못하는 것일까? 어쩌면 그것은 연약함 때문이 아니라 '무죄함' 때문이 아닐까? 아마도 레비나스는 "이러한 나약하기 짝이 없는 존재에서 '신성함'을 발견하려면 먼저 '무한'을 통과해야만 한다"라고 말할 것이다.

사실 그것이 나약함 때문이건 무죄함 때문이건 그 이유가 중요한 것은 아닐 것이다. 중요한 것은 충분히 자신이 원하는 것을 손에 넣을 수 있지만, 전혀 힘이 없는 상대방을 해할 수는 없다는 윤리적 명령이다. 이러한 명령이 어디에서 기인되는가를 묻는다면 레비나스에게 있어서는 일종의 쓰여 있지 않은 '율법'으로부터 온다.

> 근접성, 사회성 그 자체는 이를 표현하는 앎과는 다른 것이다. 앎과 다른 이것은 믿음croyance도 아니다.
>
> — 『앎과 다르게』, p.90

접근하자마자 나는 이미 단김에 이웃의 종이다. 이미 늦었고 또 늦음에 대해 유죄인 것이다. 나는 마치 —외상으로 인해 통제받으며— 내면성 없는 재현과 나에게 명령하는 권위의 개념을 통해 외부로부터 명령을 받은 것과 같다.

> — 『존재와 다르게(a)』, p.112

앎도 아니고, 믿음도 아니며, 내면의 울림도 아닌, 외부로부터 온 이 명령, 이것은 곧 율법을 의미한다. 하지만 이러한 율법은 경전에 명시된 율법이 아니라, '타자의 얼굴(이타성) 그 자체로부터 오는 것이기 때문에 '불문율법不文律法'이라고 할 만한 것이다. 만일 토마스 아퀴나스라면 이런 명령이 '내면의 울림', 즉 '양심의 소리'에서 온다고 할 것이다. 왜냐하면 그는 "신이 부재하는 곳에서 양심의 소리가 신의 명령을 대신한다"라고 말하기 때문이다.

어쨌든 이렇게 도달한 윤리적인 명령은 나로 하여금 타자의 아래로 내려가게 한다. 타자와 나와의 윤리적인 관계는 수평적인 관계가 아니라 수직적인 관계로서, 타자는 나의 상전이 되며, 나는 재산과 기득권을 내려놓음으로써 타자와 동등한 사람이 된다. 이렇게 만나는 타자가 곧 '이웃'이다. 사실 이러한 레비나스의 관점은 신약성경의 사랑의 이념과 다른 것이 아니다. 왜냐하면 신약성경에서는 '네 이웃을 네 몸같이 사랑하라!'고 말하며, '섬김을 받기보다는 섬기는 것을 즐겨 하는 것이 사랑의 특징'이라 말하기 때문이다. 따라서 우리의 이해를 돕기 위해서는 레비나스의 타자의 얼굴로부터

오는 윤리적인 명령을 보다 단순하게 '사랑의 명령'이라고 부르는 것이 좋을 듯하다.

어떤 인터넷의 한 사이트에서 레비나스의 이웃에 대한 사유를 '변질된 마르크스 사상'에 불과하다고 평가하는 것을 보았습니다. 레비나스의 사유를 이렇게 볼 수도 있을까요? 만일 그렇다면, 그 이유는 무엇일까요?

　레비나스의 사상 그 자체를 마르크스의 사상과 유사하다고 한다는 것은 어불성설이 될 것이다. 하지만 최소한 타자와 이웃에 대한 그의 사유에 있어서만큼은 마르크스 사상과 매우 유사한 면이 있다고 할 수 있다. 타자와 이웃에 대한 마르크스 사상과 레비나스의 사상이 유사한 것은 이 두 사상이 모두 '평등'을 지향하고 있다는 것이며, 또한 강자가 약자가 되고 약자가 강자가 되는 가치의 전도에 있다. 그럼에도 이러한 유사성은 형식적인 것만을 볼 때 있는 것이지, 그 본질에 있어서는 완전히 다르다.

그 차이점은 크게 3가지로 생각해 볼 수 있다. 첫째, '평등과 가치전도'를 추구하는 그 동기 혹은 원인에 있어서 이 둘은 완전히 다르다. 마르크스에 있어서 이러한 목적을 추구하는 원인은 순수하게 경제적인 정의실현에 기초해 있다. 마르크스에 따르면 경제적 가치를 산출하는 주체가 노동자임에도 자본주의가 가지는 근본적인 모순에 의해서 노동자는 부와 노동으로부터 소외되고 대부분의 산출된 경제적 가치를 자본가(지주)가 소유한다고 보고 있다. 그렇기 때문에 이러한 부조리를 해결하고 경제적 정의를 실현하기 위해서는 노동자가 혁명을 통해 자본가를 처단해야 한다고 보았다.

하지만 레비나스가 가치의 전도를 추구하는 이유는 모두가 동일한 신의 자녀로서 인류로 대변되는 타자를 절대적으로 존중하여야 한다는 일종의 사해동포주의에 입각해 있으며, 이럴 때라야만 세계의 평화가 진정으로 실현된다고 본 정치적인 비전에 의한 것이다. 따라서 그 동기에 있어서 마르크스는 경제적인 정의실현에 입각해 있고, 레비나스는 인류의 평등과 세계평화라는 윤리적 목적에 입각해 있다.

둘째, 그 목적을 실현하는 방법론에 있어서 마르크스와 레비나스는 정반대되는 방법을 취한다. 마르크스는 혁명(노동자 농민의 혁명)을 통해서, 즉 인민들의 단결을 통한 무력(전쟁)에 의해서 그 목적을 이루고자 한다면, 레비나스는 유대-그리스도교의 사랑의 이념에 근거하여 개개인의 윤리적 의식의 변화와 상승(윤리적 호소)을 통해 그 목적을 이루고자 한다.

셋째, 이러한 목적추구의 배경이 되는 그들의 인간관에 대한 비전이 완전히 다르다. 마르크스는 인간이란 단순히 생물학적 의미에서 신경 체계가 좀 더 진화한 고등동물에 지나지 않지만, 레비나스에게 있어서 사람이란 '신의 흔적을 지닌' 영적인 존재 혹은 영적으로 될 수 있는 존재이다. 한마디로 전자가 유물론이 그 배경이 되고 있다면, 후자는 유신론이 그 배경이 되고 있다. 그렇기 때문에 전자는 끊임없는 계급투쟁을 통해서 마침내 노동자와 농민이 주인이 되는 것을 역사의 목적으로 삼았지만, 후자는 성경적 가치에 기초한 완전한 인류의 평등과 평화를 실현하는 것을 역사의 목적으로 삼고 있다. 그래서 레비나스는 일체의 전쟁은 윤리의 완전한 중지라고 비판한다.

이렇게 마르크스 사상과 레비나스의 사상은 유사한 외관을 지니고 있다고 해도 그 배경과 동기, 목적 그리고 그 방법론에 있어서 서로 판이하다. 우리는 이 두 사상의 다름을 호랑이와 고양이가 다른 정도보다 훨씬 더 다르다고 할 수 있

레비나스와 마르크스의 사상적 비교		
유사점		
사회적 평등을 지향하며, 강자가 약자가 되고 약자가 강자가 되는 '가치의 전도'를 추구하고 있음.		
차이점		
인물	레비나스	마르크스
배경	온 인류가 동일한 신의 자녀라는 종교적 신념과 사해동포주의.	인간이란 신경이 좀 더 섬세하게 진화한 고등동물에 지나지 않음.
목적	전쟁의 종식, 정의와 평화가 숨 쉬는 평등한 사회 건설.	노동자와 농민이 주인이 되고 진정한 노동의 가치가 인정되는 사회주의사회 건설.
방법	유대-그리스도교적 사랑의 이념에 근거한 윤리적인 호소, 일체의 전쟁은 정당화되지 않음.	노동자와 농민들의 단결과 혁명을 통한 자본가(지주)의 처단. 무력(전쟁)의 사용이 목적을 위한 수단으로서 정당화됨.

다. 따라서 레비나스의 사상을 정치적 의미의 좌파 사상이라고 부르거나 그 아류라고 보는 것은 마치 인간을 원숭이의 아류이거나 변질된 원숭이라고 부르는 것보다 더 우스꽝스러운 관점이라고 할 수 있을 것이다.

○ 이타성과 관계성 그리고 얼굴

우리는 사람들이 고민거리를 털어놓을 때, 자주 '인간관계가 가장 어렵다!'라고 하는 것을 볼 수 있어요. 맞는 말인 것 같아요. 아무리 사회성이 좋고 수많은 친분을 가지고 있는 사람이라 하더라도 그가 가진 관계들 하나하나의 질적인 측면을 냉정하게 판단해 보면, 그 관계라는 것이 매우 피상적이고, 가볍고, 불완전하다는 사실을 알 수 있어요. 왜 그런 걸까요? 레비나스는 그 이유를 무엇이라고 생각할까요?

레비나스에게 있어서 한 인간이란 무한자의 흔적을 간직하고 있는 존재이다. 무한하다는 것은 그 자체로 모든 언어적 표현이나 개념적 규정이 불가능하다는 것을 말한다. 그렇기 때문에 한 사람의 실존은 그 자체로 유일하고, 절대적으로 (나와는) 다른 어떤 것이다. 이를 이타성altérité이라고 부르고 있다.

절대적으로 다른 어떤 것과의 관계에서, 이타성을 지니고 있는 어떤 것은 잠정적인 규정으로서의 다름이 아니라, 실존 자체가 이타성으로 구성된 어떤 것이다.

— 『시간과 타자』, p.63

"너는 다만 나와 다른 것이 아니라, 너의 실존 자체가 '나와는 다른 것'으로 구성되었다"고 생각한다는 것은 한편으로는 매우 위안을 주는 것 같지만, 다른 한편으로는 무서운 생각이 들게 한다. 우리는 종종 소통의 실패, 이해받지 못함, 오해로 인한 불화 등 모든 인간관계의 비참들을 체험하면서 우리 스스로가 마치 인간관계에서의 실패자인 것처럼 느끼게 된다. 이럴 때에 '나와 너'는 다만 다른 것이 아니라 이타성 그 자체로 구성되었다는 이 사실이 우리에게 무척 위안을 준다. 반면 '나와 너'가 결코 진정한 소통을 할 수 없다는 생각은 "인간은 평생 고독하도록 선고받았다"는 어떤 시인의 말을 떠올리게 하면서 우리로 하여금 소름을 돋게 한다.

너와 나는 다만 다른 것이 아니라, 이타성 그 자체로 형성되었다는 사실은 실존주의자들이 인간실존에 대해서 설명할 때 주로 사용하는 관점이다. 실존이란 나의 본질이나 정체성, 즉 '내가 누구인 것' 이전에 주어져 있는 '모호하고, 이리저리 흔들리고, 불안하며 무엇이라 규정하기가 불가능한 것'을 의미한다. 그렇기 때문에 개개인의 실존은 그 자체로 유일무이하고, 남이 나를 완전히 이해한다는 일이 불가능하다. 실존의 차원에서는 소통이 불가능한 것이다. 바로 이러한 이유로 실존주의자들은 하나같이 "실존은 본질에 앞선다"라는 대전제로 논의를 시작하고 있다. 사르트르가 "타자, 그것이 곧 지옥이다"라고 말한 이유도 바로 '실존의 차원에서의 소통의 불가능성'에 있다.

인간을 어떤 방식으로 고찰하고 이해하든지, 타인과 소통하고자 하는 것은 인간이 가진 가장 본질적인 욕구가 아닌가요? 모든 인간이 사실은 각각의 분리된 세계이고 소통은 불가능하다는 진술은 인간을 매우 비극적인 측면에서만 보고 있는 것은 아닌가요? 이런 소통의 불가능성을 해결할 가능성은 없을까요?

소통의 불가능성을 해결하기 위해 유신론적 실존주의자인 가브리엘 마르셀은 '상호주관성intersubjectivité'이란 개념을 주장하였다. 즉 너와 나를 구성하는 실존은 절대적으로 다를지라도, 이 실존을 형성하는 원리인 나의 주관과 너의 주관은 서로 공유하는 부분이 있다고 본 것이다. 바로 이러한 상호주관성에 근거하여 에메 포레스트Aimé Forest는 '공동실존co-existence'이란 개념을 말하고 있다. 한마디로 실존 그 자체는 절대적인 다름이지만, 그럼에도 서로 공유되는 부분이 있다는 주장이다.

실존의 소통에 관한 철학자들의 다양한 견해	
사르트르	실존 그 자체가 일종의 절대적이고 유일한 것으로, 실존의 차원에서는 소통이 불가능함.
가브리엘 마르셀	상호주관성을 확보한다면 실존의 차원에서도 소통의 가능성이 있음.
에메 포레스트	공동실존(co-existence) 혹은 공동본성(co-natualité)을 통해서 소통이 가능함.
레비나스	실존의 차원에서 소통의 가능성에 대해서 주목하지 않고, 다만 관계성의 확보를 주장함.

그런데 레비나스는 실존주의자가 아니다. 그는 실존 existence보다는 '실존하는 자l'existant'를 강조한다. 존재être보다 존재자étant가 우선시되는 것처럼, 그는 인간의 실존 그 자체 보다는 '고독하고 분리되어 있는 현사태'로서의 한 사람, 한 사람이 중요한 것이다. 그래서 그는 소통의 불가능성에 주목 하지 않으며, 상호주관성이나 공동실존에도 주목하지 않는 다. 다만 인간 사유의 한계에 주목한다. 그에게 있어서 사유 란 결코 타자를 파악하거나 이해하거나 혹은 판단하기 위한 것이 아니다. 사유는 본질적으로 관계적인 것, 즉 관계성을

지향하는 것이다.

> 다른 사람들과의 관계는 엄격하게 말해 체험
> 된 것이 아니다.
>
> — 『앎과 다르게』, p.88

그렇다! 우리는 농사를 체험할 수 있고, 스카이다이빙을 체험할 수 있겠지만, 한 인간을 체험할 수는 없다. 한 인간이란 어떤 의미에서 체험될 수 없고, 판단할 수 없는 절대적인 존재이다. 한 인간이란 관계를 맺을 수 있는 존재이지 체험되는 존재가 아니다. 왜냐하면 한 인간을 구성하고 있는 그 것은 나에게 있어서는 이타성 그 자체이기 때문이다. 그렇기 때문에 나는 그(그녀)를 이해하거나, 판단하거나, 규정할 수가 없고 다만 그(그녀)에 관계할 뿐이고, 관계성을 가질 수 있을 뿐이다.

그런데 관계한다거나 관계성을 가진다는 것이 정확히 무엇을 말하는 것인가요? 소통이 불가능하다면 관계성을 가진다는 것도 불가능한 것이 아닐까요?

레비나스가 말하는 '관계성'의 개념은 매우 섬세해서 복잡하기조차 하다. 이를 분명하게 이해하거나 한마디로 표현하는 것은 쉽지 않다. 굳이 한마디로 표현하자면 관계성을 가진다는 것은 한 존재자가 다른 한 존재자에게 참여한다는 것을 의미한다.

개개인의 인간이 처한 근본 상황이 '분리와 고독'이기 때문에 과거의 철학자들은 이를 해결하기 위해서 '일자'나 '전체성' 같은 형이상학적 존재를 고안하거나 혹은 '같은 것le Meme' 안에서 통일성을 확보하고자 하였다. 하지만 레비나스는 이러한 집착이 오히려 철학의 상실을 야기한다고 말한다.

서로 절대적으로 고립된 것 같고, 소통이 불가능해 보이는 실존하는 자들이 관계를 갖는다는 것은 서로를 보충하는 것이 아니라, 서로를 충족시키는 부분들을 발견하고 이들을 통일시키는 것을 의미한다. 여기서 참여의 개념이 발생한다. 즉 실존의 차원에서는 소통이 불가능하다고 해도 서로가 서로에게 참여할 수가 있는 것이다. 타자에게 참여한다는 것은 '포용할 수 있는 것 이상으로 포용한다'는 것을 의미한다. 우리는 이를 남성과 여성에 대해 설명하고 있는 레비나스의 말을 통해서 잘 이해할 수 있다.

> 여성은 그 자체로 다른 사람처럼, 이타성의 개념 자체의 기원처럼 묘사된다.
>
> — 『시간과 타자』, p.67

여성은 남성에 대해서 타자이다. [여성이라는] 다른 본성을 가졌기 때문만이 아니라, 어떤 의미에서 '이타성'이 그의 본성이기 때문이다. 에로틱한 관계 안에서도 타인에게 있는 다른 속성이 문제가 아니라, 그에게 있는 이타성의 속성이 문제인 것이다.

— 『시간과 타자』, p.14

　　남성과 여성이 다른 이유가, 둘이 그 자체로 다르거나 혹은 갖고 있는 본성이 달라서가 아니라, '이타성'을 본성으로 가졌기 때문이라는 진술은 한 사람의 개인이란 그 자체로 마치 절대적이고 유일한 것처럼 '나와는 다른 자'라는 말이다. 그렇기 때문에 어떤 관계라 할지라도 이 관계성에서 문제가 되는 것은 '다름'이다. 즉 내가 포용할 수 없는 다름을 포용하는 행위가 곧 관계성을 가진다는 것을 의미한다. 레비나스는 이런 경우에만 진정한 주체(윤리적 주체)가 될 수 있다고 생각하고 있다.

여기서 문제가 되는 관계성이란 일반인이 말하는 인간관계나 사회관계를 의미하지 않는다는 사실을 염두에 두어야 할 것입니다. 이는 일종의 유대-그리스도교 전통에서 '사랑의 관계', 즉 모든 것을 감싸 주고 모든 것을 포용하는 그 사랑의 관계를 말하거나, 혹은 윤리적 실천의 태도로서의 관계성을 이야기한다고 할 수 있겠지요.

모든 인간의 근본적인 토대는 이렇게 서로에게 참여하면서 서로를 충족(만족)시키는 것을 의미한다.

> 남성과 여성 사이의 존재론적 차이에 대한 모든 이러한 암시가 인간성을 두 종(혹은 두 종류)으로 나누고자 하는 것이 아니라, 남성의 여성에 대한 참여 그리고 여성의 남성에 대한 참여가 모든 인간 존재의 고유함이었음을 의미하고자 하는 것이다.
>
> — 『시간과 타자』, p.71

따라서 참여한다는 것은 간섭한다거나 동화되거나 동화시키는 것이 아니다. 이는 어떤 의미에서 이타성으로서의 '너'에게 있는 것이 '나 자신'에게도 있음을 발견하고 이를 통해 나를 충족시키는 것이라고 할 수 있다. 다시 말해서 너의 '존재의 총체성'을 초월하는, 그 너머에 있는 '무한'을 발견하는 것이다. 바로 이 무한은 나에게 있는 이타성에서도 발견되는 그것이다. 이를 그리스도교의 언어로 쉽게 말하자면,

이해 불가능한 너의 존재 안에서 발견되는 신의 사랑(현존)을 발견하고, 그 사랑을 통해서 나에게 있는 신의 사랑을 발견하게 되는 것이다.

이타성을 포용하는 그 참여를 통해서 인간은 타자에게 있는 무한의 흔적과 관계하고, 타자와의 관계성은 곧 나에게 있는 무한의 흔적을 발견하는 것이다. 그래서 모든 타자와의 관계성은 또한 내가 나 자신과 가지는 관계성이기도 하다. 이러한 관계성의 특징이 가장 잘 드러나는 곳은 '부자관계'이다.

> 부성애paternité 혹은 친자관계는 나 자신과의 관계이며, 여기서 나는 완전히 낯선 사람이지만 나 자신이다. [친자관계는] 나에게 낯설지만 그럼에도 나인 자기 자신과의 관계이다.
>
> — 『시간과 타자』, p.85

총체성의 차원에서 보자면 자녀나 배우자라는 것도 사실은 '타자'에 불과하다. 하지만 가족이나 자녀는 나의 실존의 일부일 수 있다. 그래서 전혀 이해할 수 없는 자식이지만 사랑하지 않을 수가 없는 것이다. 집을 떠나 멀리 타향살이를 하는 사람은 가장 먼저 가족을 그리워한다. 누구를 그리워한 다는 것은 마음속에 그들의 얼굴이 떠오른다는 것이다.

여기서 얼굴이라는 다소 소박한 용어가 매우 큰 중요성을 가지고 나타나게 된다. 왜냐하면 관계성을 가진다는 가장 큰 징표가 '얼굴을 기억한다는 행위'에 있기 때문이다.

여러분은 지금 함께 있지 않은, 소중했던 어떤 사람을 떠올릴 때 그 사람의 무엇을 떠올리나요? 그 사람의 '얼굴'이 아닐까요? 새로운 사람을 만났을 때, 무엇부터 보나요? 그 사람의 얼굴이 아닐까요? 왜 그런 걸까요? 한 사람의 얼굴을 본다고 해서 그 사람을 알 수 있을까요? 이런 질문들은 이전의 철학자들은 거의 하지 않았던 것이지요. 하지만 이런 사소한 것 같은 질문이 레비나스의 사상에서는 매우 중요한 질문으로 등장하고 있답니다. 그 이유가 무엇인지 알아봅시다.

사람의 얼굴에 대해서 설명하는 레비나스의 말은 참으로 실존적이고 또 거의 형이상학적이다.

당신의 사유 속에 있는 얼굴은 분명하게 현상적인 것이 아니며, 오히려 비현상적인 것이다. 정확히는 부족한 얼굴, 항상 도움을 요청하는 얼굴, 항상 해석의 여지가 있는 얼굴, 모든 종류의 해명을 기다리는 얼굴이며, 이러한 이유로 비대칭이 있고 절대적일 것이다.

— 『앎과 다르게』, p.79

비대칭적 상호주관성intersubjectivité asymétrique은 초월성의 장소이며, 여기서 주체는 주체의 구조를 완전히 보존하면서 운명적으로 자신에게로 되돌아오지 않고, 풍요롭게 될 가능성을 가지고 있다. 그리고 말하자면 자식을 갖게 될 것을 예견하는 것이다.

— 『실존에서 실존하는 자로』, p.165

매우 어려운 용어들을 사용하고 있는 위 진술들을 알기 쉽게 요약하자면 다음과 같다.

한 인간은 자신의 얼굴을 통해서 남과는 결코 비교할 수 없는 (비대칭적인) 그만의 고유한 무엇을 나타내고 있으며, 상

118

대방은 바로 이를 통해서 자기 자신을 허물고, 자신을 넘어서게 되는 그 무엇(초월성)을 발견하게 된다. 새롭게 발견한 자신을 넘어서는 그 무엇이란 곧 무한의 흔적이며, 이것은 나를 풍요롭게 해 줄 그 무엇이다. 예술가라면 이를 통해서 작품을 창조할 수 있는 영감을 가지게 될 것이고, 따라서 자식이라는 표현은 곧 작품을 말한다. 그리스도교의 관점으로 말하자면 이웃의 모습에서 신의 현존을 발견하며, 이러한 신의 현존이 나의 예술적 행위에 가장 강력한 영감을 주고 또 사랑의 결실을 낳게 하는 것이다.

그렇기 때문에 레비나스에게 있어서 얼굴visage은 존재론적이고 형이상학적인 의미를 가진 용어이다. 얼굴은 어떤 의미에서 '본질적인 것'과 '우유적(우연적)인 것', '내면적인 것'과 '외면적인 것'이 하나로 통합된 장소이다. 그래서 그는 얼굴을 보여 주는 것이란 곧 자신의 가장 심오한 것, 가장 진실된 것을 나타내는 것, 즉 공현épiphanie

• '공현(公顯)'이란 용어는 신약성경에서 볼 수 있습니다. 예수가 자신의 진짜 모습(정체성)을 대중에게 숨기고 있다가 어느 순간 진정한 실체를 공적으로 드러내는 순간이 있는데, 이를 '공현하다'라고 부르지요. 그리스도교에서는 이날을 기념하기 위해 만든 '공현절'이라는 축제의 기간을 가지고 있답니다.

이라고 부르고 있다.

유類적인 것에 있어서, 한 존재의 외면성
이 그의 본질 안에 새겨져 있다. 따라서 추
론을 통해서 논의하는 것이 아니라 오직
얼굴과 같은 '공현'을 통해서만 논의되어야
한다.

— 『총체와 무한』, p.170

플라톤은 "그의 영혼은 그의 눈동자를 통해서 나타난다"
고 말한 바 있는데, 레비나스는 그의 영혼과 그의 육체 모두
가 얼굴에 집약되어 있다고 할 것이다. 즉 얼굴이란 한 인간
의 가장 진실되고, 가장 내밀하고, 가장 본질적인 그 무엇이
외면으로 나타나는 장소이다. 그래서 이미 우리의 곁에 있지
않은 사람일지라도 모든 것을 그의 얼굴을 떠올리며 상기하
게 되는 것이다.

따라서 레비나스에게 있어서 얼굴이라는 용어는 다만 사
람의 안면을 의미하지는 않는다. 이는 그의 깊은 본질과 실

존적인 분위기, 그리고 그의 육체적, 감성적인 기질 등이 집약되어 있는, 이타성으로서의 그가 발현되는 장소를 상징하는 용어이다.

따라서 만일 누군가 상대방을 보고 있으면서도 "너의 얼굴을 보여 줘!"라고 말한다면, 이는 너의 가장 진실한 모습, 가장 심오하고 본질적인 그것, '너 자신인 그것'을 보여 달라는 말이겠죠. 그래서 레비나스는 '얼굴'이라는 말을 거의 종교적이고 신비주의적인 의미로 사용하고 있어요. 아래 진술을 들어 봅시다!

얼굴은 성성聖性과 풍자만화의 경계선에 있다.

— 『존재와 다르게(a)』, p.172

얼굴은 오히려 그것을 통해 신의 음성이 울리는 세계이다.

— 『우리들 사이에』, p.128

사람의 얼굴에 대해서 이토록 심각하고 중요한 의미를 부여하는 철학자는 지금까지 없었다. 얼굴이 성성에 근접해 있고, 또 예술가들이 그리는 풍자 이미지에 가까이 있다는 것은 얼굴이 '신성의 흔적'을 지니면서 또 '그의 개성'이 드러나는 곳이라는 뜻이다. 아마도 우리는 이러한 레비나스의 얼굴에 대한 표현들이 가장 탁월하다거나 가장 진실하다고는 할 수 없어도, 적어도 가장 진지하고 심각한 표현이라고 할 수 있을 것이다.

물론 우리는 이런 레비나스의 진술을 그대로 현실세계에 적용할 수는 없을 것이다. 가령 지나가는 사람을 불러 그의 얼굴을 유심히 들여다본다고 해도 거기서 '신성의 흔적'이나 그의 '개성'을 발견하기는 어려울 것이다. "열 길 물속은 알아도 한 길 사람 마음속은 알 수가 없다"는 속담이 있듯이 우리는 결코 한 사람의 얼굴을 보면서 그 사람이 가진 가장 심오한 것, 가장 핵심 되는 것을 파악할 수는 없을 것이다. 그래서 이런 레비나스의 진술들은 사실이나 진실에 대한 묘사라기보다는 '테마화하기'라고 부르는 것이 적절할 것이다. 즉 힘겹고, 고통스럽고, 억울해하며, 수심에 가득 찬 이웃의 얼굴에서 신의 고통을 발견하고 이를 외면하지 말라는 예언자 적인 메시지를 주제화한 것이라고 할 수 있다.

레비나스의 용어 정리하기

향유(jouissance)

삶이란 곧 향유하는 것이다. 향유란 모든 의미부여와 가치 개념을 가지기 이전에 인간이 어떤 것을 '누리는 것'으로 삶은 바로 이 향유에서 시작된다. 인간은 즐김과 누림을 통해서 세계와의 접촉에 들어간다. 여기서 가장 근원적인 방식은 감성적, 신체적 측면이다. 향유하는 동안에는 어느 누구도 나를 대신할 수 없기 때문에 '자기다움', 즉 주체성은 향유에서부터 드러난다.

비움(떠남, partir)

향유가 삶을 이루게 하고 주체성을 가지게 하는 계기가 되지만, 지속적이지 못하기에 삶은 불안하게 된다. 삶의 불안은 소유(물리적, 정신적)를 낳고, 소유는 곧 타자와의 단절, 이기주의를 형성한다. 그렇기 때문에 진리를 산다는 것은 비움, 즉 '버리고 떠나기'를 실천하는 것을 의미한다. 정신적으로는 세계관이라는 존재론을 허물고, 물리적으로는 나의 재산을 이웃에게 환원하는 것이 곧 '비움'의 의미이다. 종교적인 의미로서는 지상의 그 어떤 (물리적, 정신적) 가치에도 집착하거나 안주하지 않고, 절대자 혹은 구원의 장소를 향해 나아간다는 것을 의미한다.

형이상학적 욕망(désir métaphysique)

욕망désir은 향유의 근원이 된다는 점에서 긍정적이나, 소유를 낳는다는 측면에서는 부정적이다. 인간의 욕망은 필연적으로 전체주의적인 모습을 보이면서 타인을 파괴하는 죄의 근원이 된다. 하지만 인간에게는 전체성을 넘어서려는, 보다 차원 높은 욕망이 있다. 이것이 형이상학적인 욕망이다. 형이상학적인 욕망은 삶의 무한성infinité을 갈망하는 것으로 이는 —무한자와의 관계성이 불가능하므로— 본질적으로 무한의 흔적을 가진 타자와의 진정한 관계성을 통해서만 채워질 수 있는 것이다.

타자(autre)

레비나스는 '타자'와 '타인autrui'을 별 구별 없이 사용하고 있다. 다만 전자는 나 아닌 일체의 것을 의미한다면, 후자는 나와는 다른 '남'이라는 사람을 의미한다고 할 수 있다. '타자'라는 개념이 중요성을 가지는 것은 한 개인이란 나와는 절대적으로 다른 '이타적인 것'이기 때문이다. 전통적으로 철학자들은 한 개인은 다른 모든 개인과 동일한 것(인간성)을 가지고 있고, 또 남과는 다른 나만의 것(개성)을 가지고 있다고 생각하였다. 하지만 레비나스는 나와 너를 형성하고 있는 것 자체가 '다른 것(이 타성)'이라고 보고 있다. 타자가 그 자체로 일종의 절대적인 다름으로 나타나는 것은 곧 타자가 무한자 혹은 절대자의 흔적을 지니고 있기 때문이다. 따라서 타인이란 이해의 대상이나 판단의 대상이 아니라 무조건적인 환대와 수용의 대상이 된다.

이웃(voisin)

환대와 수용을 통해서 관계성이 성립된 '타자'가 곧 '이웃'이다. 따라서 모든 인간은 서로가 서로에 대해서 이웃이 될 가능성을 가진 존재이다. '네 이웃을 네 몸같이 사랑하라'는 성경의 명령은 레비나스에게 있어서는 '모든 이들을 네 이웃이 되게 하라'는 윤리적 명령으로 바뀐다. 이것은 곧 만인에 대한 '무조건적인 사랑'이라는 신적 사랑과 유사한 의미를 가진다. '무조건적인 환대'를 바탕으로 한 이웃의 개념은 매우 이상적인 것이나, 또한 정의의 실제적인 기능을 마비시킨다고 비판을 받기도 한다.

이타성(altérité)

이타성이란 공통점을 생각할 수 없는 '단적 혹은 절대적으로 다른 것'을 의미한다. 나와 너, 남자와 여자는 다만 다른 것이 아니라, 서로 이타적인 것으로 구성되어 있다. 이는 일종의 실존을 의미한다. 실존주의자는 실존의 차원에서 인간을 서로가 서로에게 소통이 불가능한 존재처럼 생각한다. 실존은 그 자체로 개념 규정 이전의 것이며, 가변적이고 불안한 것이기 때문이다. 하지만 레비나스의 이타성은 '무한'이 드러나는 장소가 되기에 실존의 의미보다 더 심오하다. 따라서 타인과의 진정한 관계성은 타인에 대한 소통과 이해를 전제하는 것이 아니라, 자신을 개방하고 타인에 대한 무조건적인 수용과 환대를 통해서 가능하다. 바로 이러한 타인에 대한 무조건적인 환대를 '윤리적 책임성'이라고 부르고 있다.

관계성(relation)

레비나스에게 있어서 관계란 일반적 의미의 '인간관계'나 '사회관계'에서의 관계를 의미하지 않는다. 진정한 관계란 윤리적인

책임성을 통한 일종의 '형제애'를 가질 경우에 발생하는 것이다. 이는 존재론적인 측면에서는 현상적인 것 너머에 있는 것, 즉 타자의 얼굴에서 나타나는 무한의 흔적, 즉 신성한 무엇을 맞이하는 것을 의미한다. 이러한 경우에 관계는 관계성이 된다. 따라서 타자와의 진정한 관계성을 가진다는 것은 타자에게서 신의 현존을 감지하는 것이거나 최소한 그렇게 고려된 것을 말한다. 이러한 관계성은 '포용할 수 없는 것까지도 포용할 수 있게 하는' 진정한 윤리적 주체성과 책임성을 가능하게 한다.

얼굴(visage)

얼굴이란 다만 사람의 안면을 의미하는 것이 아니다. 이는 상징적인 용어로서 한 개인의 내면적인 것과 외면적인 것이 집약적으로 드러나는 장소를 의미한다. 가장 내밀한 것, 가장 본질적인 것이 외면성의 형식으로 나타나는 것이 얼굴이다. 그래서 얼굴을 공현公顯이라 부르기도 한다. 따라서 얼굴을 보인다는 것은 가장 진실한 모습을 보인다는 것과 같은 의미이다.

책임성(responsabilité)

일반적으로 책임성을 가진다는 것은 행위를 한 사람이 자신이 선택한 행위에 대해서 책임을 진다는 말이며, 따라서 책임성이란 행위의 주체에 귀속되는 것이다. 반면 레비나스는 진정한 윤리적 책임성이란 '타인을 위한 책임', 즉 '타인의 고통과 비참'을 나의 책임으로 수용하는 '관대함' 혹은 '무조건적 환대'를 의미한다. 이 같은 무조건적인 환대를 나 스스로 실현할 수 있을 때 나는 자유로운 것이다.

자유(liberté)

레비나스에게 있어서 자유롭다는 상태는 '내가 포용하기 힘든 것을 내가 포용할 수 있을 때'를 말한다. 특히 타자의 고통과 비참을 나의 책임성으로 포용하는 것이 내 의지에 의해서 ─윤리·도덕적 자각에 의해서─ 이루어질 때 자유로운 것이다. 따라서 레비나스에게 있어서 자유란 본질적으로 '힘겨운 자유 liberté difficile'인 것이다.

정의(justice)

레비나스는 비인간적인 것이나 악의 침입을 거부하지 않는다. 악은 규정할 수 없고, 한정할 수 없으며, 무한한 것으로, 견뎌내야만 하는 것이다. 따라서 악의 무한성 앞에서 인간이 가지는 책임성도 무한한 것이어야 한다. 따라서 정의롭다는 것은 무한한 책임성을 가진다는 것을 의미한다. 보다 정의롭다고 주장하는 사람은, 보다 덜 정의로운 것이다. 즉 보다 정의롭다는 것은, 보다 많은 책임성을 가져야 한다는 것을 의미한다.

도덕(morale)

레비나스에게 있어서 도덕적이란 쇼펜하우어나 막스 셸러에서처럼 단순히 타인과의 교감을 가지는 것이 아니다. 또한 칸트에서처럼 내가 원하는 방식대로 타인을 대하는 것을 의미하지도 않는다. 오히려 도덕적이라는 것은 나와 타인 사이, 측정할 수 없고 약분될 수 없는 어떤 지반 위에 관계성의 뿌리를 내리는 행위를 말한다.

광야에서의 외침
─ 예언자적 메시지

삶과 시간과 죽음, 이 세 가지는 서로 뗄 수 없이 연관된 영원한 형이상학적 주제이다. 애드리안 라인Adrinn Lyne 감독의 〈야곱의 사다리〉(1990)는 이 세 가지 주제가 고스란히 담겨 있는 매우 심오하고 철학적인 내용을 담고 있다. 월남전 참전 용사인 '제이콥'은 사경을 헤매면서 일종의 환각 상태에 빠져 과거의 삶을 의식 속에서 다시 체험하고 있다. 현실과 환상의 경계가 무너지면서 온갖 기이한 체험을 하고 있지만 그것은 곧 죽음 직전에서 아직 삶의 끝을 놓지 못하는 그의 무의식적인 반응이다. 마치 하룻밤 사이에 몇 년 동안의 일을 꿈으로 체험하듯 그렇게 혼란스러운 시간을 체험한 제이콥은 마침내 숨을 거두게 된다.

죽음을 앞둔 제이콥에게 시간이란 개념은 무의미하다. 그의 의식 속에서 발생하는 일련의 체험들은 현실의 시간과는 무관하게 자신만의 시간 속에서 발생하는 일들이다. 그런데 그 의식 속의 환상적이고도 공포스러운 체험들도 만일 삶의 일부라고 한다면, 그에게 시간과 삶이란 무엇을 의미하는 것일까? 그것은 의미 있는 사건들, 행복했던 사건들이 아닐까? 그는 죽음 직전에 살아생전의 의미 있고 행복했던 시간들을 다시 누리고자 했던 것이 아닐까?

실존주의 철학자들은 시간의 개념을 가지고 자신들의 사상을 전개하곤 한다. 그래서 하이데거는 시간과 시간성을 구분하고, 진정으로 의미 있는 시간을 '시간성'으로 규정하며, 인간은 누구나 '시간성'을 만들어 가야 한다고 생각한다. 이는 레비나스 역시 마찬가지다. 그는 그의 사상을 말하기 위해 우선 시간성에 대한 묵상에서 출발한다.

레비나스의 전 사상을 두 마디로 요약하면 '너희는 세상의 그 무엇에도 안주하지 말고 나아가야 한다'는 것과 '너희는 너희들의 이웃에 대해서 책임성을 가져야 한다'라는 윤리적 언명으로 요약될 수 있다. 이는 마치 세상 사람들이 만든 그 어떤 것도 신의 모습을 대변할 수 없다고 말하며, 또 모든 인간은 동일한 신의 자녀로서 '타자'가 곧 너의 '형제'라고 외치는 것과 같다. 하늘에까지 다다를 바벨탑을 세우려다가 신의 형벌을 받았던 그 오류를 다시는 범하지 말고, 동생 아벨을 죽였던 카인의 그 불행을 더 이상 반복하지 말고, 형은 아우의 삶과 죽음에 책임성을 가져야 한다고 외치는 것이다. 그래서 우리는 정당하게 그의 사상이 구약성경 예언자들의 메시지 —너희는 우상을 만들지 말고, 과부와 고아들을 돌보라— 를 현대적 감각으로 재현하고 있다고 말할 수 있을 것이다. 그의 이 같은 사상은 시간에 대한 사유로부터 출발하고 있다. 그는 시간이란 개념을 통해 책임성에 대한, 그리고 종교와 죽음에 대한 그의 독특한 사유를 전개하고 있다.

○ 시간성은 타자에 대한 책임성을 가지는 것이다

실존주의 철학자들은 대개 시간에 관한 해박한 이해를 가지고 있다. 레비나스는 실존주의자가 아니지만 실존에 대한 매우 깊은 인식을 가지고 있다. 그중에서도 레비나스는 하이데거의 『존재와 시간』에 애착을 보였는데, 그만큼 하이데거의 시간 개념에 많은 관심을 가졌던 것도 분명해 보인다.

사실 시간에 관한 철학자들의 사유는 그 역사가 매우 깊다. 만일 현대 철학 이전의 철학자 중에서 가장 의미심장하게 시간에 대해 성찰한 철학자를 들라면 아우구스티누스를 들 수 있을 것이다. 아우구스티누스는 시간의 개념에 대해 묵상하면서 시간을 마치 세계가 창조되기 위한 필연적인 조건인 것처럼 고려하였다. 즉 시간이 탄생한 사태에 대해 '영원한 것(무한, 절대, 신성)'에서 '가변적인 것(유한하고 상대적인 세계)'이 발생하기 위한 도구 혹은 매개체로 시간이 사용된 것처럼 규정한다. 또한, 『고백록』에서 "과거는 이미 지나가 버렸고, 미래는 아직 오지 않은 것이니, 실제로 존재하는 것은 지금(현재)뿐이다"라고 말한 바 있다.

말하자면 실제로 존재하는 시간은 현재뿐이며, 과거와 미래는 의식의 산물이라고 하는 것과 같다. 시간을 이렇게 규정하는 이유는 아마도 '영원성'을 생각하기 위해서는 시간 개념으로부터 해방되어야 한다고 보았기 때문일 것이다. 즉 과거와 미래가 존재하지 않는다고 생각할 때 사람들은 현재에 몰입할 수가 있고, 현재에 주의를 집중할 때, 비로소 현재로부터 '영원한 현재'라는 개념을 생각할 수 있기 때문이다. 그래서 키르케고르는 '영원성'을 생각할 수 있는 계기가 곧 '순간'이라 말하기도 하였다.

그런데 실존주의자들이 '시간'을 주요한 테마로 등장시킨 근본적인 이유는 물질문명과 기술문명에 의해 소외된 인간성 회복을 위한 것이라고 할 수 있다. 하이데거는 시간은 무한한 것이지만 '시간성'은 유한한 것으로 보았는데, 그 이유는 모든 인간이 죽음을 맞이하기 때문이다. 여기서 시간성이란 쉽게 말하면 '나만의 시간'이라고 할 수 있다. 따라서 시간이 우리 모두에게 동일하게 주어져 있는 것이라면, '시간성'은 각자가 노력하여 확보해야 하는 것이다. 각자가 자신만의 시간성을 확보하여야 하는 이유는 그런 조건하에서만 소외된 '인간다움'을 회복할 수 있기 때문이다.

이를 보다 쉽게 설명하자면 다음과 같이 될 것이다. 모든 사람들이 시간에 쫓겨, 즉 시간 관념에 매몰되어 '자기다움' 혹은 '인간다움'을 상실하고 있다. 한마디로 사람이 사물화되어 버린 것이다. 물론 여기서는 세계를 도구화하고 대상화하는 것도 포함된다. 이렇게 하여 사람들은 자신의 '본래적인 존재'를 상실하고 소외를 겪게 된다. 그렇기 때문에 시간의 개념으로부터 벗어나 자기만의 시간, 진정 의미 있는 시간인 '시간성'을 가져야 하는 것이다.

이 같은 하이데거의 시간성 개념은 레비나스에게서도 유사하게 발견된다. 하지만 그 뉘앙스는 사뭇 다르다. 레비나스에게 있어서 시간에 대한 사유는 인간성의 회복이나 '본래적 존재'를 회복하기 위한 것이 아니라 진정한 '윤리적 관계성'을 정립하기 위한 것이다.

> 시간은 분리되고 혼자인 주체의 유일한 사태가 아니다. 시간은 타자와 주체의 관계 그 자체이다.
>
> — 『시간과 타자』, p.17

시간 개념이 나의 존재의미를 가져다주는 것이라면, 즉 사람들이 시간이라는 개념을 통해서 '내가 존재하고 있음'을 자각하는 것이라면 이 같은 시간 개념은 타자와의 관계성을 가지는 것과 다르지 않다. 실존주의자들이 "의미 있는 삶 그것만이 진정한 삶이다"라고 말한다면, 레비나스는 "의미 있는 관계성 속에서만 시간이 진정한 시간일 수 있다"라고 말할 것이다. 그렇기 때문에 진정한 시간의 의미는 다만 관계성을 가지는 것뿐만 아니라, 타자와의 관계성을 통해 무한으로 나아가는 것을 말한다.

시간에 관한 철학자들의 견해	
아우구스티누스	시간은 창조를 위한 매개체이며, 또한 의식의 산물이다. 과거와 미래는 존재하지 않으며, 존재하는 것은 현재뿐이다. 시간은 현재의 영원한 지속이다.
키르케고르	신이 인간이 된 순간은 계시의 순간이며, 인간은 이 순간에 참여함으로써 영원성에 관계하는 유일한 시간을 가진다. 신앙인은 이 순간에 참여하므로 그리스도와의 동시성을 가진다.
하이데거	시간은 무한하나 시간성은 유한하다. 나에게 진정 의미 있는 시간이 곧 시간성이다. 인간은 시간성을 확보함으로써 본래적 존재를 회복할 수 있다.
레비나스	진정한 관계성을 통해서만 구체적인 내용을 가진 시간성을 확보할 수 있다. 타자와의 관계성을 통해 인간은 시간을 넘어 무한으로 향할 수 있다.

그래서 단순히 흘러가는 시간이 아니라, 진정한 의미의 시간, 즉 시간성을 가진다는 것은 타자에 대한 책임성을 동반할 수밖에 없는 것이다. 레비나스는 이를 다음과 같이 진술하고 있다.

타자에 대한 책임성은 근원적이고 구체적인 시간성을 의

미한다. 그리고 현재의 보편화하기가 이
를 전제하고 있는 것이다.

— 『우리들 사이에』, p.183

그런데 '현재를 보편화한다'는 말은 무슨 뜻인가요?
그리고 왜 현재의 보편화가 타자에 대한 책임성을 전
제한다는 걸까요?

아우구스티누스가 말하고 있듯이 과거와 미래가 의식의
산물이라면, 과거와 미래는 그 자체로 상대적인 개념일 수밖
에 없다. 왜냐하면 과거와 미래는 그것을 생각하는 한 개인
의 삶의 의미와 필연적으로 연관된 것일 수밖에 없고, 모두
는 각기 다른 자신만의 과거의 의미, 그리고 미래의 희망을
지니고 있기 때문이다. 그래서 과거와 미래는 결코 보편화
되거나 일반화할 수가 없는 것이다. 다만 현재 혹은 지금 이

순간만이 나와 타인이 동일한 의미를 갖는 시간일 뿐이다. 그리고 그 순간은 "타인을 위한 나의 책임성 안에서 결코 나의 현재였던 적이 없었던 타인의 과거가 나를 응시하는 그때(『우리들 사이에』, p.134)"이다. 다시 말해 진정한 관계성 속에서 참여를 통해 타인의 과거가 나의 시간성에서도 충분히 의미를 가지게 될 때는 지금 이 순간뿐이다.

우리는 이러한 체험을 가끔 일상에서 혹은 소설이나 영화를 보면서 체험할 수 있다. 상대방이 완전한 개방을 통해 자신의 깊은 삶의 진실을 털어놓을 때, 우리가 그의 과거 속으로 들어가 그의 인생을 마치 나의 인생인 것처럼 이해하고 공감할 때, 우리는 그와 함께 아파하고 그와 함께 눈물을 흘릴 수 있게 된다. 이때는 그의 과거가 나의 과거가 되고, 그의 현재는 나의 현재가 되는 것이다. 이렇게 그와 내가 동일한 현재를 가질 수 있을 때 우리는 현재가 보편화되었다고 말할 수 있다. 그의 삶과 실존을 나의 것으로 껴안을 수 있을 때 우리는 진정한 윤리적인 책임성을 가지게 되는 것이다.

따라서 레비나스에게 있어서 책임성이란 나의 행동에 대한 책임도 아니며, 타인의 행위에 대해 대신 책임을 진다는 의미도 아니다. 책임성이란 그의 실존과 나의 실존이 서로 깊이 침투하여 일종의 공동실존co-existence을 가지게 되는 사태 그 자체이다. 이러한 공동실존을 전제하지 않는 일체의 사랑의 행위는 사실 사랑의 행위가 아니라 단순한 자선에 지나지 않는 것이다.

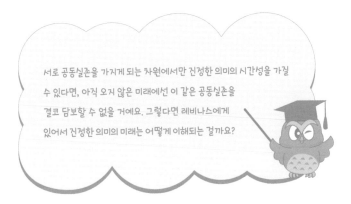

서로 공동실존을 가지게 되는 차원에서만 진정한 의미의 시간성을 가질 수 있다면, 아직 오지 않은 미래에선 이 같은 공동실존을 결코 담보할 수 없을 거예요. 그렇다면 레비나스에게 있어서 진정한 의미의 미래는 어떻게 이해되는 걸까요?

레비나스는 이 같은 논의를 '미래'에까지 확장시킨다. 그에게 있어서 미래의 의미를 가장 잘 보여 주고 있는 것은 부성애이다. 상당히 함축적인 언어로 그는 다음과 같이 미래와 부성애의 관계를 설명하고 있다.

나의 고유한 존재의 너머에 있으며 시간의 구성적인 차원인 이 미래는 부성애paternité 안에서 하나의 구체적인 내용을 가진다.

— 『존재와 다르게(a)』, p.73

미래가 '시간의 구성적 차원'이라는 말은 시간이 형성될 수 있는 장소라는 말이다. 즉 시간이란 단순히 내용 없는 물리적인 '지속continuté'이 아니라 의미와 내용들로 채워져 있는 '지속'이다. 따라서 미래는 시간(성)이 될 수 있는 일종의 '가상적 공간'이다. 그리고 이때 미래를 분명한 시간으로 만들어 줄 내용을 담보하는 것이 곧 '부성애'라는 것이다. 왜냐하면 앞서 말한 바 있듯이 부성애란, 타자이지만 '나의 실존의 일부'가 된 관계를 의미하기 때문이다. 이 같은 레비나스의 생각에 따르면 부모란 '자녀의 미래를 미리 앞당겨 생각할 수 있는 사람' 혹은 '자녀의 꿈을 염려해 줄 수 있는 사람'이라 할 수 있을 것이다.

그런데 왜 하필 부성애인가요? 모성애도 동일하게 설명할 수 있을까요? 혹시 레비나스가 남성중심주의에서 벗어나지 못한 것은 아닌가요?

여기서 '부성애paternité'라고 말하는 것은 사실 '부모다움' 혹은 '부모의 사랑'을 말한다. 그리고 이 같은 부성애는 단지 생물학적인 친자를 가진 부모에게만 적용되는 것은 아니다. 그래서 그는 부성애에 대해서 말한 다음 바로 '자녀다움'에 대해 다음과 같이 덧붙이고 있다.

> 자녀가 없는 사람들이 이를 경시할 필요는 없다. 생물학적 자녀다움filialité은 자녀다움의 첫 번째 모습일 뿐이다. 하지만 우리는 생물학적인 관계가 없는 인간 사이의 관계로서도 자녀다움을 아주 잘 이해할 수가 있다.
>
> — 『존재와 다르게(a)』, p.74

따라서 레비나스가 말하고 있는 '부성애'나 '자녀다움'은 관계성에 있어서 가장 원형적인 본보기가 되는 것을 말하는 것이며, 이는 '관계성'이 있는 곳에서는 정도의 차이를 가지고 발견되는 것이라 할 수 있다. "모든 어린이는 모두의 아이다"라는 복지국가 스웨덴의 모토는 레비나스의 이런 정신을 잘 반영한다고 볼 수 있다.

레비나스의 시간에 관한 사유를 요약하면 우선 진정한 시간 혹은 시간성의 의미는 타자와의 관계성 속에서 주어지는 것이며, 관계성을 가진다는 것은 곧 책임성을 가진다는 것이다. 따라서 윤리적 관계성이 배제된 곳에서는 진정한 의미의 시간이 존재하지 않는다. 강하게 말하면 아무리 오랜 시간을 보내고 아무리 오래 산다고 해도 '오래'라는 것은 그냥 숫자에 불과한 것이다. 진정한 시간성을 가지지 못한 사람은 살아도 사는 것이 아니다. 그래서 레비나스의 사상은 항상 우리에게 "너희는 진정한 시간을 살고 있는가?"라는 엄한 예언자의 목소리처럼 들리는 것이다.

○ 종교란 관계성이고 죽음은 새로운 관계성이다

레비나스는 자신에 대해서 특별히 유대교 철학자라고 부를 필요가 없으며 단순한 사상가라고 말하고 있지만, 그의 사상 전반에 걸쳐 종교적인 색체와 세계관이 강하게 드러나 있다. 레비나스가 매우 종교적(유대 · 그리스도교적인)인 사상을 지니고 있으며 유신론자라는 것을 말해 줄 증거들은 지금까지 말한 것들 안에서도 차고 넘친다.

예를 들면 그 스스로 "성경에 동의한다"라고 말하거나, "인간은 영감을 받은 말씀의 책(성경)에 대한 관계성을 가진다"라고 말하고 있으며, "관계가 종교적인 의미의 계시의 문제를 야기시킨다" 또는 "얼굴이 신의 음성이 울리는 세계이며 또한 성성聖性에 근접해 있다"라고 진술하였다. 나아가 "타인이 구조적으로 나보다는 신에게 더 가까이 있다"라고 말하였으며 "신의 바깥에 사는 것이 곧 이기주의"라고 진술하였다. 이러한 진술들은 그가 유대교 철학자라는 사실을 말해 주고 있다.

그의 이러한 사상적 배경은 베르그송의 사상을 바라보는 특별한 시각에서도 분명히 드러나고 있다. 그는 베르그송이 세계와 인간에 대해서 단순한 (과학)철학자의 입장에서 논했던 것을 성경적 의미의 '이웃에 대한 사랑'과 '신'에 대한 논의라고 생각하기 때문이다.

『도덕과 종교의 두 원천』 안에서, 『의식에 직접 주어진 것에 관한 논고』와 『물질과 기억』 속의 '지속의 개념'이, 『창조적 진화』에서의 '생의 약동'으로서의 사유에 대한 개념이 이웃에 대한 사랑을 의미한다고, 그리고 우리가 신이라고 부르는 것을 의미한다고 생각한다는 것은 불가능한 것인가?

— 『우리들 사이에』, p.196

그가 종교에 대해 설명하면서 "종교란 하나의 관계성이다"라고 말한 것은 결국 인간적인 삶이란 종교적인 삶이라는 점을 보여 주는 것이다. 왜냐하면 인간다운 삶이란 그에게 있어서 관계성을 가지는 것을 의미하기 때문이다. 인간다운 삶이 곧 종교적인 삶이라고 하는 생각보다 더 종교적인 사상이 어디에 있겠는가? 이런 관점에서 레비나스를 한 사람의 '종교철학자'라고 부르는 것도 가능할 것이다.

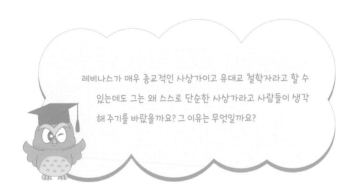

레비나스가 매우 종교적인 사상가이고 유대교 철학자라고 할 수 있는데도 그는 왜 스스로 단순한 사상가라고 사람들이 생각해 주기를 바랐을까요? 그 이유는 무엇일까요?

만일 레비나스가 스스로 특별히 유대교 철학자라고 불리는 것을 원치 않았다면, 그 이유는 아마도 그의 철학에서 현상학적 분위기를 고수하고자 했기 때문일 것이다. 현상학이란 어떤 의미에서 '전제를 가지지 않는 학문'이기 때문이다. 나아가 모든 철학자들이 마찬가지겠지만 레비나스는 자신의 사상이 그 스스로에서 나온 것이지 어떤 특정한 '종교적 세계관'이나 '패러다임'으로부터 나온 것이 아님을 강조하고

싶었을 것이다. 그렇지 않다면 세상 사람들이 자신의 사상에 대해 색안경을 끼고서 바라볼 것이 분명하다고 생각했기 때문이다.

그런데 한편으로 매우 종교적이면서 다른 한편으로 매우 현상학적 분위기를 고수하는 이러한 양면적인 모습은, '죽음'에 관한 그의 사유에서 두드러지게 나타나고 있다. 우선 죽음에 대해서 고찰을 시작할 때 레비나스는 매우 현상학적으로 말한다. 그는 마치 죽음이란 인간의 인식이나 이해를 넘어서 있는 '알 수 없는 것'처럼 진술하고 있다.

> 우리는 시간의 소멸의 차원에서는 시간을 경험할 수가 없다. 왜냐하면, 이렇게 말할 수 있다면, 그것은 그의 시간에는 결코 존재하지 않는다는 의식, 항상 놓칠 수밖에 없다는 의식에 속하기 때문이다.
>
> — 『앎과 다르게』, p.88

죽음은 우리가 그것에 대해 아무

것도 할 수 없으며, 그것에 대해 우리의 능력이 무능한 어
떤 실재를 예고하지 않는다. … 죽음이 다가올 때, 중요한
것은 어떤 특정한 순간에 우리는 아무런 능력을 가질 수가
없다는 것이다.

— 『시간과 타자』, p.62

현상학적으로 보자면 인간이 결코 논의할 수 없는 현상이
죽음이다. 아무도 죽음을 체험하거나 경험해 보고 돌아올 수
없기 때문이다. 그래서 공자도 귀신이 있는지를 묻는 제자에
게 "살아생전의 일도 다 모르는데, 죽음 이후의 일을 어떻게
알겠느냐"라고 일축한 것이다.

물론 레비나스는 이를 약간은 다르게 해명하고 있다. 죽
음이 (개별적인) 시간의 소멸이라고 할 때, 내 의식이 활동하
는 한 죽음이라는 것은 나에게 도달할 수 없기 때문에 '죽음'
은 항상 우리의 의식을 비켜 가는 것이다. 다시 말하면 사람
들은 죽음의 직전에 있어서도 진정으로 죽음을 나의 시간성,
즉 나에게 의미 있는 사건으로 수용하지 않는다는 말이다.
현상학적으로 보자면 이러한 분석은 사실이다. 대다수의 사

람에게 있어서 죽음이란 다만 받아들일 수밖에 없는 것이며, 진지하게 생각할 만한 사건은 아니라고 생각하기 때문이다. 그래서 레비나스는 죽음에 맞닥뜨리는 사건을 완전한 수동성을 체험하는 시간이라고 말하고 있다.

> 죽음이 모든 빛의 바깥에서 자신을 예고하는 이런 방법은 지금까지 능동적이었던 주체가 심지어 자신의 본성에 압도될 때까지 계속 능동적이었던 그가 체험하는 수동성에 대한 체험이다.
>
> — 『시간과 타자』, p.57

그런데 죽음에 대한 그의 사유는 단순히 현상학적 지평에서 멈추지 않는다. 그는 죽음에 대한 독특한 나름의 생각을 가지고 있다. 우선 그는 죽음을 통해 현세에서의 삶의 의미를 모두 상실하게 됨을 암시하고 있다.

> 누군가 죽게 되면, 얼굴은 가면으로 변한다.
>
> — 『강의』, p.21

죽음 이후에 얼굴이 가면(마스크)으로 변한다는 것은 양의적인 표현이다. 첫째는 죽은 자의 얼굴은 더 이상 '얼굴'이 아니라는 말이다. 즉 본질적인 것과 외면적인 것이 집약되어 있는, 그의 '동일성'이 나타나는 얼굴이 더 이상 아니라는 뜻이다. 좀 더 문학적으로 표현하자면 얼굴은 그의 영혼이 드러나는 장소인데, 죽은 자의 얼굴이란 영혼이 떠나 버린 안면에 지나지 않기 때문에 '가면'에 불과한 것이다. 둘째는 죽은 자에 대해서 기술하고 있는 모든 내용들, 예를 들어 전기나 자서전 같은 것들은 결코 그의 '얼굴'을 대신할 수 없다는 뜻이다. 오직 살아 있는 얼굴, 타자와의 관계성을 갖는 얼굴만이 진정한 얼굴, 거짓이나 위선, 꾸밈이 전혀 없는 진정한 얼굴이라는 뜻이다. 그의 진정한 얼굴에 비하면 사람들이 죽은 자에 대해 하는 모든 '말들'은 일종의 가면에 지나지 않는다. 그렇기 때문에 죽은 자에 대해서 우리가 할 수 있는 가장 진실한 행위는 그를 잊지 않는 것, 즉 그의 얼굴을 기억하고 떠올리는 것이다.

그런데 죽음에 대한 이 같은 레비나스의 생각들은 거의 현상학적 관점과 다르지 않다고 생각되는데요, 그렇다면 무엇이 현상학적 관점을 넘어서는 레비나스의 사유인가요?

아마도 여기까지는 죽음에 대한 현상학적인 고찰이라고 할 수 있을 것이다. 그런데 레비나스는 여기서 멈추지 않는다. 그는 현상학적 지평을 넘어 새로운 담론을 이어 간다. 우선 그는 죽음이 가장 순수한 질문을 불러온다고 말한다.

출발, 사망, 목적지를 알 수 없는 부정성 … 돌아옴이 없는 출발, 질문의 요소가 없는 질문, 질문의 순수한 지점 …

— 『강의』, p.23

그리고 이러한 질문은 이때까지 서구철학이 던져 보지 못한 질문이라고 스스로 평가하고 있다.

죽음에서 지반이 없는 순수한 무는 더욱 극적으로 느껴진다. 왜냐하면 존재의 무에 관한 생각 안에서보다 죽음 안에서 이 무의 날카로움이 더 크게 느껴지기 때문이다. … 이렇게 우리는 유럽 철학이 생각하지 못하였던 어떤 것에 도달한 것이다.

— 『강의』, p.83

사실 많은 철학자들이, 플라톤, 토마스 아퀴나스, 세네카 그리고 파스칼 등이 나름대로 죽음에 대해서 명상하고 자신들의 견해를 밝히고 있는데요. 그럼에도 레비나스는 죽음에 대한 자신의 견해가 이들과는 전혀 다른 것이라 말하고 있습니다. 그 이유가 무엇인지 아래 설명을 들어 봅시다.

인간은 존재를 생각하면서 무無를 생각할 수 있듯이, 죽음에 대해서도 무를 생각할 수 있다. 하지만 죽음에서 생각되는 무는 존재를 생각하면서 느끼는 무와는 다르다. 레비나스는 이 다름을 '더 크게 느끼는 날카로움'이라고 말한다. 왜 죽음에서 느끼는 무의 날카로움이 더 큰 것일까? 우리는 이를 예를 들어 설명해 볼 수 있을 것이다. 신비가들이 신(존재)을 체험할 때, 그들은 이 현세의 모든 좋은 것들에 대해서 무의미함을 느끼게 된다. 그들의 실존이 상승하여 삶의 의미가 달라지기 때문이다. 하지만 어떤 신비가도 무의 상태에서 지속적으로 남아 있을 수는 없다. 그들의 신비적 합일은 매우 시간이 짧고 언젠가는 평범한 일상으로 되돌아와야 한다. 그래서 그들이 존재를 체험하면서 느끼는 무의 감정은 절대적인 것은 아니다.

반면 죽음을 앞둔 사람이 느끼는 무의 감정은 거의 절대적이다. 그들은 더 이상 되돌아올 수 있다는 것을 상상하지 못한다. 그들에게 있어서 죽음이란 자신의 죽음과 함께 자신과 관련된 세계 전체의 소멸을 의미하기 때문이다. 그래서 죽음을 앞둔 자들의 무에 대한 감정은 존재의 무에 대한 감정보다 훨씬 날카롭고 큰 것이다.

그런데 '무'에 대한 감정이 매우 '날카롭다'는 것은 역설적으로 무엇이 존재한다는 것을 전제로 한다. 아무것도 아닌 것, 혹은 아무것도 없는 것에 대해서는 어떤 감정을 느끼거나, 불안해하거나, 생각할 필요가 없기 때문이다. 그래서 레비나스는 오히려 감정이 날카롭다는 말은 '전혀 새로운 것, 비이성적인 것'이 시작되는 것임을 말한다. 바로 여기서부터가 이전의 철학자들이 생각하지 못한 죽음에 대한 새로운 사유이다.

> 죽음은 이 모든 것, 이해할 수 없고, 사유에 반항하며, 그럼에도 반박할 수 없고 부인할 수 없는 모든 것을 해결한다. 현상적인 것도 아니며, 거의 주제화할 수도 없고, 사고할 만한 것도 아닌, 비이성적인 것이 여기서 시작한다.
>
> — 『강의』, p.83

죽음이란 말할 것이 아무것도 없지만, 비이성적인 것이 시작된다는 말은 최소한 죽음이 존재의 절대적인 마침은 아니라는 뜻이 된다. 레비나스는 이를 존재와의 근접성 안에 설립하는 것이라고 주장하고 있다.

> 모든 구체화에 불응하는, 모든 현상적 국면에 불응하는 불안, 마치 질문을 통해 본질적인 어떤 것도 만나는 것 없이 이러한 죽음의 날카로움을 향해 감정이 나아가는 것처럼 그리고 알려지지 않은 것을 순수하게 부정적인 것으로 설립하는 것이 아니라, [죽음은] 앎을 가
> 지지 않고서도 [존재와의] 근접성 안에
> 설립하는 것이 아닌가?
>
> — 『강의』, p.25-27

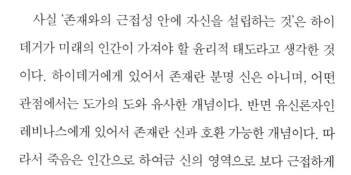

사실 '존재와의 근접성 안에 자신을 설립하는 것'은 하이데거가 미래의 인간이 가져야 할 윤리적 태도라고 생각한 것이다. 하이데거에게 있어서 존재란 분명 신은 아니며, 어떤 관점에서는 도가의 도와 유사한 개념이다. 반면 유신론자인 레비나스에게 있어서 존재란 신과 호환 가능한 개념이다. 따라서 죽음은 인간으로 하여금 신의 영역으로 보다 근접하게

나아가도록 한다고 할 수 있다. 이제 죽음은 더 이상 무가 아니라 인간이 관계를 맺을 수 있는 그 무엇으로 등장한다.

> 죽음의 이해 불가능성은 죽음과의 관계성 그 자체가, '주체는 자신으로부터 오지 않은 그 무엇과의 관계성 중에 있다'는 빛 안에서만 성립할 수 있다는 것을 의미한다.
>
> — 『시간과 타자』, p.56

그 무엇과 관계성을 가질 수 있지만, 관계를 가지는 그 무엇이 무엇인지를 도무지 알 수 없다는 사실로부터, 레비나스는 자신에게서 나오지 않은 어떤 '빛'*을 가정한다. 물론 논리적으로만 보자면 이러한 진술은 '비약'일 수 있다. 보다 날카로운 것으로 느껴진다고 해서 실재임이 분명하다는 결론이 도출되지

• 레비나스에게 있어서 빛이란 수동적인 것을 능동적인 것으로 바꿔 주는 지성적인 힘을 말합니다. 가령 자연은 마치 중립적인 존재처럼 다가오고, 나는 다가오는 자연을 수동적으로 맞이할 수밖에 없지만, 내 지성의 빛은 자연을 '생태계'로 이해하게 해 주거나 '나의 실존'을 치유할 수 있습니다. 그런데 죽음 이후 다가오는 '빛'은 나에게서 나오지 않은 것(외부에서 온 것)으로, 나의 지성과는 무관한 것이며 전혀 주체적일 수 없는 것입니다. 그럼에도 이 빛은 죽음 이후의 사건을 '또 다른 삶'이라고 말할 수 있는 이해력과 구성력을 가진 어떤 것입니다.

않으며, 또한 알 수 없는 것이라고 해서 꼭 다른 곳에서 온 빛에 의한 관계성이라고만은 할 수 없다. 왜냐하면 어떤 사람들은 그렇기 때문에 이 둘 모두가 '허상'임이 분명하다고 말할 수도 있기 때문이다. 하지만 레비나스의 입장에서는 이러한 결론은 일종의 '철학적 신앙'이라고 본다. 삶의 긴 여정을 걸어오면서 부정하고자 해도 도저히 부정할 수 없는 '삶을 통한 확신'이라 할 수 있을 것이다. 그래서 레비나스는 죽음을 '신비로서의 죽음'이라고 표현하고 있다. 더 이상 내가 주체가 될 수 없는 나의 사건이기에 신비라고 보는 것이다.

신비로서의 죽음la mort comme mystère은 이렇게 이해된 경험과 대조된다. 지식 안에서 모든 수동성은 빛의 중재를 통해 능동적인 것이 된다. 내가 만난 대상은 이해가 되고, 결국 나에 의해 구성된다. 반면 죽음은 주체가 더 이상 주인이 될 수 없는 한 사건, 주체가 더 이상 주체가 될 수 없는 한 사건을 예고하는 것이다.

— 『시간과 타자』, p.57

그런데 여기서 '신비'라는 용어는 정확히 무엇을 의미하는 걸까
요? 또 주체가 더 이상 주체가 될 수 없다는 말은 무엇을 의미하
나요?

    사실 레비나스는 자신이 사용하고 있는 용어에 대한 정확
한 개념 정리를 해 주고 있지는 않다. 유신론적 실존주의자
인 가브리엘 마르셀은 『존재의 신비』에서 "신비란 어느 정도
분명하지만, 또한 어느 정도 전혀 알 수 없는 것의 속성"이라
고 규정한 바 있다. 이런 측면에서 보자면 레비나스가 말하
는 '신비'란 어떤 관계성이 주어진다는 것은 분명하지만, 그
것이 어떤 종류의 관계성인지, 그 내용이 무엇인지에 대해서
는 전혀 알 수 없는 상태를 표현한 것이라 말할 수 있다.

    주체가 더 이상 주체가 될 수 없다는 말은 죽음 이후에 주
어질 관계성에서 내가 가질 수 있는 능동적인 역할이 전혀
없다는 것을 말한다. 전혀 다른 새로운 관계성이 주어지겠지

만 완전한 수동성이라는 것은 어떤 의미에서 인생에 대한 심판을 의미한다. 왜냐하면 이런 관계를 현실의 삶에서 찾고자 한다면 판사가 죄인에 대해 최종적으로 판결을 내리는 법정에서의 관계밖에 없기 때문이다. 즉 죽음이란 '평생의 삶에 대한 최종적인 결산'이라고 할 수 있으며, 각자에게 내리는 최후의 심판이라고 할 만하다. 이런 심판에서는 변명과 변호가 용납되지 않는다. 여기서는 오직 절대적인 수동성만 있을 뿐이기 때문이다.

순수한 질문의 가능성, 자신과 다른 그 무엇과의 관계성, 존재와의 근접성, 신비로서의 죽음, 절대적인 수동성 등이 죽음에 관해 레비나스가 가진 생각들이다. 물론 죽음에 관한 레비나스의 사유를 '각자에 대한 최후의 심판'이라는 개념으로 해명한다는 것은 지나친 비약이라고도 볼 수 있겠지만, 최소한 죽음이 존재의 절대적인 종료가 아니며, 이때까지와는 전혀 다른, 생각조차 해 볼 수 없었던 새로운 관계성, 새로운 삶이 시작되는 지점이라는 점은 부정할 수가 없다.

우리는 레비나스의 죽음에 대한 사유를 그가 예술작품에 대해서 가지고 있는 생각에 적용해 볼 수 있을 것이다.

만일 예술작품이 다시 되돌아오지 않는 것이라 해도(보상을 기대할 수 없는 것이라 해도), 그럼에도 작품을 창조한다는 것은 순수하게 손실을 보는 게임은 아니다. … 작품을 만든다는 것은 타자의 시간으로 향하는 통로이기 때문이다.

— 『타자의 휴머니즘』, p.42

한 화가가 그림을 그린다면, 그것은 자신이 소유하기 위해 그리는 것이 아니다. 어떤 식으로든 많은 작품은 자신을 떠나 타인의 손에 들어가게 될 것이다. 어쩌면 다시는 그 작품을 볼 수 없을지도 모른다. 하지만 예술가가 작품을 상실하더라도 손실을 보지 않는다는 것은 사실이다. 왜냐하면 작품을 창조한다는 것은 '타자의 시간으로 향하는 통로', 즉 완전한 관계성을 가지는 것을 뜻하기 때문이다.

그런데 '타자의 시간으로 향하는 통로'가 될 수 있다는 말은 무엇을 뜻하며, 어떻게 그림을 그린다는 것이 이런 통로가 될 수 있는 걸까요?

여성 철학자인 시몬 베유Simone Weil는 고흐가 그린 〈슬퍼하는 노인〉을 보고 "고흐는 자신의 그림을 통해서 '나는 당신을 사랑합니다'라고 말한 유일한 화가였다"라고 말한 바 있다. 그 이유는 고흐에게 있어서 한 사람을 그린다는 것은 그의 모든 것을 수용한다는 것이며, 슬픔과 기쁨, 그가 가진 삶에 대한 애환과 그 모든 것에 참여한다는 것을 의미하기 때문이었다. 이러한 평가가 사실이라고 한다면 고흐에게 있어서 작품이 사라진다고 해서 손실을 볼 것은 없다. 왜냐하면 이미 고흐는 그림을 그리는 그 시간들에서 보상을 충분히 받았기 때문이다.

이와 유사하게 우리는 죽음을 통해 현생을 완전히 상실하지만, 그럼에도 손실을 보는 것은 아니라고 말할 수 있다. 왜냐하면 산다는 것이 진정한 관계성, 즉 이웃에 대한 책임성을 가진 것이라면 '산다는 것'이 이미 보상을 의미하기 때문이다. 그리고 죽음 이후에는 더 이상 능동성이 없기 때문에, 즉 스스로 교정이 불가능하기 때문에, 그리고 더 이상 되돌아올 수 없는 것이기에 참으로 성실하게 잘 살아야 하는 것이다.

하지만 "한 번뿐인 인생이니까 성실하게 잘 살아야 한다"라는 말은 "한 번뿐인 인생이니까, 그렇게 힘들게 살 필요가 있는가?"라는 물음으로 바꿀 수도 있을 것 같아요. 다시 말해 열심히, 성실하게 이웃을 위해 책임성을 가지고 살았다고 해도 죽음 이후에는 전혀 새로운 삶이 주어진다면, 현재의 성실한 삶이 무의미하지 않을까요?

그렇지 않다. 죽음이 존재의 완전한 끝이라면 그렇게 말할 수도 있을 것이겠지만, 죽음은 또 다른 관계성을 의미하기 때문에 그렇게 말할 수는 없다. 즉 죽는다는 사건이 현생의 완전한 상실이라고 해도 손실이 아닌 이유는 현생이 나의 작품이 되기 때문이다. 나의 인생이 나의 작품이 된다는 것은 성실하고 충실하게 삶을 살 때, 즉 나를 둘러싸고 있는 모든 타자와의 관계성이 충실하게 이루어질 때뿐이다.

아마도 레비나스는 죽음 이후의 삶의 결산이란 한마디로 "너의 삶의 작품이 어디에 있느냐?"라는 질문으로 요약된다고 할 것이다. 그렇기 때문에 아무렇게나 산다는 것은 보여줄 만한 나의 작품을 전혀 가지고 있지 않다는 것을 의미한다. 그래서 우리가 항상 우리 자신에게 질문해 보아야 하는 것은 "나는 진정으로 관계성 중에 살아가고 있는가? 나는 진정으로 타자에 대한 책임성을 가지고 살고 있는가?" 하는 것이다. 이를 크리스천의 입장에서 말하자면 "나는 충분히 내 이웃을 사랑하며 살고 있는가?" 그리고 "이 사랑이 진정 내 삶의 의미가 되고 있는가?" 하는 질문이 될 것이다. 즉 사랑하는 것이 중요한 것이 아니라, 사랑하는 삶이 진정한 '나의 삶' 혹은 '나의 삶의 의미인가' 하는 확인이 중요한 것이다.

레비나스의 용어 정리하기

시간

레비나스의 시간에 대한 이론은 하이데거의 「시간론」에서 출발한다. 하이데거는 시간과 시간성을 구분한다. 시간이 모든 이에게 동일한 의미를 가진 물리적인 지속이라고 한다면 시간성이란 나만의 시간, 혹은 나에게 의미가 있는 시간을 말한다. 레비나스 역시 이와 유사한 개념을 전개하나, 타자와의 관계성에 초점을 맞추고 있다. 레비나스에게 있어서 구체적인 내용을 가진 시간, 혹은 의미 있는 시간이란 타자와의 관계성을 확보할 때이다. 타자와의 관계성 안에서 무한의 흔적을 맞이할 때 진정한 시간의 의미를 가질 수 있다. 즉 레비나스에게 있어서 진정한 시간성을 가질 때는 역설적으로 무한의 흔적을 통해서 시간을 초월하는 것과 관계할 때이다.

죽음

죽음은 현상학적으로 보자면 경험할 수 없고 체험될 수 없는 것이며, 따라서 나의 의식의 대상이 될 수 없는 것이다. 반면 시간성의 관점에서 보자면 죽음은 모든 시간의 소멸이므로 '무에 대한 날카로운 의식'을 야기하는 것이다. 시간의 종료가 존재의 절대적인 종료라면 이러한 날카로운 의식(불안함)은 야기되지 않을 것이다. 따라서 죽음은 새로운 관계성을 예고하는 것이다. 비이성적이며 전혀 새로운 이 같은 관계성을 '신비'라고 말한다. 죽음에 대한 인간의 의식은 인간 스스로에 의해서 유발된 것이 아닌, 자신에게서 오지 않는 빛 안에서 느끼는 무엇이다. 레비나스는 죽음 이후에 주어질 새로운 관계성에서 내가 주체가 될 수 있는 것은 아무것도 없으며, 나의 행위는 완전히 수동적인 것이라고 설명한다. 따라서 우리는 이를 지금 나의 삶에 대한 '결산' 혹은 '심판'이라고 유추해 볼 수 있다. 이런 관점에서 연구자들 중에는 레비나스의 사상을 예언자적 사상이라고 보는 시각도 있다.

〈편하게 만나는 프랑스 철학〉의 네 번째 시리즈로 『레비나스와의 1시간』을 선택하였다. 사실 레비나스는 프랑스 철학자 중에서도 가장 독일 철학적인 색조를 가진 철학자라고 할 수 있다. 그의 저술들을 읽다 보면 수필을 연상케 하는 암시적인 용어들과 자유로운 문체들, 선뜻 이해할 수 없는 복잡한 용어들이 하이데거의 저술들을 떠오르게 한다. 그럼에도 그의 정신은 매우 프랑스적이라고 할 수 있다. 그의 논의들은 일상의 삶에서 부딪히는 매우 구체적인 것들을 다루며, 그가 주장하는 '타자에 대한 책임성'은 프랑스의 국가 이념인 '자유, 평등, 박애' 정신과 가장 잘 어울린다.

그는 이전의 철학자들이 경시하였던 일상의 용어와 개념들을 자신의 철학적 작업의 한가운데로 가지고 와서 놀라운 방식으로 테마화하고 있다. 그의 글을 읽노라면 가슴속에서 무언가 꿈틀거리고 어디선가 영감이 막 떠오르는 느낌을 받게 된다. 그래서 그의 작품을 보면 철학서라기보다는 마치 문학작품 같다는 인상을 받게 된다.

레비나스는 개인적으로도 애착이 가는 철학자인데, 나의 파리1대학(판테온 소르본) DEA학위논문에서 콩트, 에메 포레스트와 함께 다룬 3명의 철학자 중 한 사람이기 때문이다. 사실 레비나스의 사상을 선호하지는 않지만, 오히려 내가 섣불리 흉내 낼 수 없는 생각들을 과감하게 주장하고 있기에 존경하지 않을 수 없는 사상가였다. 특히 오늘날과 같은 세계화 시대, 그리고 온갖 종류의 전체주의적 사조가 물결치는 시대에는 그의 사상이 더욱더 빛을 발한다. 존재론의 부재, 무조건적인 책임성 등과 같은 그의 사상이 비판을 받기도 하지만, 그럼에도 나는 그의 사상에서 철학적 겸손이라는 것을 발견하였다. 그래서 그의 사상을 좋아하게 되었다.

철학을 하다 보면 적지 않은 철학자들이 자신과 생각을 달리하는 사람들을 배척하고 비판하는 것을 볼 수 있다. 레비나스는 자신을 비판하는 사상까지도 포용하여야 한다고 주장하고 있다. 그는 "내가 포용할 수 없는 것까지도 포용할 수 있을 때 비로소 진정한 철학적 주체성을 가지게 된다"라고 주장하였다. 그래서 그의 사상은 우리의 마음을 편안하게 한다. 실제로 그가 말하는 사상 그대로 살고자 한다면 의인이나 성인이 되어야겠지만, 그럼에도 우리는 그의 사상이나 정신이 반드시 이 세상에 존재해야 하고 누군가는 그것이 가능하다는 증거를 삶으로 보여 주기를 희망하고 있다.

내가 파리에서 유학할 당시는 국내에서 레비나스라는 철학자가 거의 알려져 있지 않았고, 또 한국어로 된 번역서들을 거의 볼 수가 없었다. 요즘은 국내에도 매우 탁월한 번역서들이 많이 출간되어 있다. 매우 반가운 일이다. 이 작은 책에서 사용된 인용구들의 출처가 국내 번역서가 아닌 원저인 것은 상당 부분을 이미 유학 당시 준비해 두었기 때문이다. 국내 번역서를 인용하였다면 어쩌면 보다 더 정확할 수도 있었겠지만, 일일이 해당 부분을 다시 찾아내는 일이 시간을 낭비한다는 생각이 들어서 오래전에 번역해 놓은 것을 그대로 사용하였다.

이 책이 출간될 수 있도록 제안을 하고 여러모로 도움을 준 세창출판사의 모든 분들께 감사를 드린다.

2021년 3월에

아라동 연구실에서, 저자

○ 레비나스 연보

1906년   1월 12일 리투아니아 유대인 부모 슬하에서 장남으로 출생.

1915년   1차 세계대전 발발 이후 독일의 침공을 피해 우크라이나로 이주.

1917년   11세의 어린 나이로 러시아의 공산혁명을 목격함.

1920년   소비에트 연방의 공산주의에 의해 지배를 받던 우크라이나를 떠나
          리투아니아로 돌아와 유대인 고등학교에 입학함.

1923년   17세의 나이로 철학을 공부하기 위해 프랑스 스트라스부르로 유학.

1926년   스트라스부르 대학에 입학한 블랑쇼를 만남. 블랑쇼와의 우정과 사
          상적 교류는 생애에 지대한 영향을 미침.

1928~1929년   독일 프라이부르크로 유학. 후설과 하이데거의 강의와 세미나
          에 참석하면서 현상학에 몰두함.

1930년   논문 「후설 현상학에 나타난 직관이론」으로 박사학위 취득.

1932년   프랑스로 귀국하여 라이사 레비와 결혼함.

1934년   철학 학술지 『정신』에 「히틀러주의에 대한 몇 가지 철학적 반성」을
          기고함.

1939년   2차 세계대전 발발 이후 프랑스를 침공한 나치에 대항하기 위해 프
          랑스군에 합류하나, 곧 포로가 되어 5년 동안 수용소 생활을 하게 됨.
          그동안 그의 가족들은 나치에 의해 모두 희생됨. 수용소 생활에서 그
          만의 독창적인 철학적 작업을 구상함.

1945년 알리앙스 이스라엘의 원장직을 맡음. 이후 약 35년 동안 이스라엘 사범학교에 거주하며 학교 운영자 역할을 함.

1957년 유대 지성의 심포지엄에서 탈무드를 강의하고 해설함.

1961년 국가박사학위 논문인 『총체와 무한』을 출간.

1963년 푸아티에 대학에서 강의 시작. 논문집 『힘겨운 자유』 출간.

1967년 파리-낭테르 대학의 교수직 임명.

1970~1980년 스위스의 유대인 공동체의 초청으로 프리부르 대학에서 유대인 사상, 후설의 사상 그리고 토라의 주석을 강의함.

1973~1976년 소르본 대학의 교수직 임명.

1974년 『존재와 다르게 혹은 본질을 넘어서』 출간.

1980년 『시간과 타자』 출간.

1982년 『윤리와 무한』 출간.

1989년 발찬상을 수상함.

1991년 『총체와 무한』 재출간.

1993년 『신, 죽음 그리고 시간』 출간.

1995년 『이타성과 초월성』 출간. 12월 25일 파리에서 사망. 판탱-보비니 묘지에 묻힘.

2006년 『힘겨운 자유』 재출간.

2011년 『시간과 타자』 재출간.

인용문 출처

『총체와 무한』: *Totalité et Infini, Essai sur l'extériorité*, La Haye,
  M. Nijoff, 1961.

『힘겨운 자유』: *Difficile Liberté, Essais sur le Judaïsme*, Paris,
  Albin Michel, 1963.

『타자의 휴머니즘』: *Humanisme de l'autre homme*, Montpellier,
  Fata Morgana, 1972.

『존재와 다르게(a)』: *Autrement qu'être ou au-delà de l'essence*,
  La Haye, M. Nijhoff, 1974.

『실존에서 실존하는 자로』: *De l'Existence à l'existant*, Paris, J.
  Vrin, 1978.

『시간과 타자』: *Le Temps et l'Autre*, Montpellier, Fata Morgana,
  1980.

『앎과 다르게』: *Autrement que savoir*, Paris, Osiris, P. Guy & R.
  Jacques, 1986.

『존재와 다르게(b)』: *Autrement qu'être ou au-delà de l'essence*,
  Paris, LGF, 1990.

『우리들 사이에』: *Entre nous, Essais sur le penser-à-l'autre*, Paris,
  Bernard Grasset, 1991.

『강의』: *Cours*, Paris, Grasset, La Mort et le Temps, 1993.